日本語動詞

態文法を再生する

村山匡司

まえがき

　日本語の態文法について、現代人の多くは「学校文法」で学習した範囲の知識を基本にして毎日の言語運用に活用しています。
では、学校文法の規則を活用して、かつ、自分の頭脳でそれを応用して言語運用で生じる実際の疑問にどの程度答えられるでしょうか。
態についての課題例をあげます。
①なぜ受動態には、受身、可能、自発、尊敬など多くの意味を感じるのか？
　　この「理由」を自分の頭脳で考えて他者に教えることができるでしょうか？
②なぜ受動態表現を自動詞、他動詞、強制・使役動詞にも適用できるのか？
　　この「理由」を自分の頭脳で考えて他者に教えられますか？
→③少し前置きの説明をつけます。
古くは「ひらがな解析」で動詞活用を調べて文法化していたけれど、現代では「ローマ字つづり解析」を用いて「語幹」や「態接辞」が明確になったはずです。
【学校文法例】
・子音語幹動詞の受動態：歩か・れる、→態接辞：「れる」、
・母音語幹動詞の受動態：食べ・られる、→態接辞：「られる」、と説明する。
【「ローマ字つづりによる音素解析」例】
・子音語幹の受動態：歩k・あれる、→態接辞：「あれる」、
・母音語幹の受動態：食べ・r・あれる、→態接辞：「・r・あれる」、と解析する。
③さあ、態接辞：「あれる」が共通です。また「・r・」をなんと解釈するのか？
③少なくとも、受動態接辞を「動詞活用の未然形に接続する」は間違いでしょう？
→④可能態を同じ「ローマ字解析」により考察します。
　・子音語幹動詞の可能態：歩ける＝歩k・える→態接辞：「える」、
　・母音語幹動詞の可能態：食べれる＝食べ・r・える→態接辞：「・r・える」、
④さあ、可能態の接辞：「える」が共通です。「・r・」をなんと解釈するのか？
○可能態接辞：「える、eru」＝受動態接辞：「あれる、areru」から「ar」を抜いた形態です。

その「ar:ある」は「動作(結果)がある」を意味するから、結果前の意思としての可能を表現するのが可能態です。
④世間で言う「ら抜き、ら抜け言葉」は名称からして誤解の産物です。正しくは「ar抜き、ar抜け言葉」なのですが、論理的文法としては「歩ける、食べれる」ともに正当な可能態と見なせます。逆に学校文法に非合理があると思えませんか？

　以上の課題例には、まだ公式的な正解が存在しません。
現在の学校文法では、上記の課題例に合理的な回答を明示していません。
日本語研究分野、教育分野でも合理的な回答を明示できていません。
これらの学問分野において、頭脳で考えを巡らさないわけはありませんから、考える筋道が間違った方向に向いているのでしょう。
　本論の考察では、自問自答や思考実験の試行錯誤を繰り返しながら正解や新解釈を求める方法をとっています。すでに③④課題から４つの新解釈が生まれており、ある意味で「公知の新解釈」と言えます。「公知の新解釈」を念のため列記すると、
（１）学校文法：「動詞活用の未然形に態接辞を接続する」には論理矛盾がある。
（２）学校文法：「受動接辞：れる/られる」の２形態で示すのは、不適当。
　　共通の接辞形態：「あれる」を示すべきだろう。
（３）歩k[無音]areru、食べ[r]areru、のように、接続点で音韻調和をとるための[挿入音素]を入れると解釈すれば、「areru：あれる」が共通の接辞形態となる。
〇使役態にする場合も、歩k[無音]aseru、食べ[r→s]aseru、と挿入音素の交替現象を考慮すれば、「aseru：あせる」が共通の接辞形態になる。
（４）可能態にする場合、歩k[無音]eru、食べ[r]eru、と生成でき、「eru：える」が共通の態接辞形態になる。
〇学校文法：「可能動詞を五段活用動詞だけに認める」ことの不合理さが公知される段階に近づいているだろう。

「態文法」を考えるなかで、[挿入音素]の概念を柔軟に解釈すると、さらに大きな利点が生まれることに気づいてきました。
発話段階での「動詞と態・助動詞の接続関係」の生成順序や構造化手順を、それぞれ簡単な方程式で表せるのです。
（１）態生成の方程式＝「【動詞語幹＋母音なら挿入音素[r/s]】＋態接辞」
（２）動詞活用の方程式＝「【態動詞の語幹＋挿入音素[x]】＋活用接辞」
（３）助動詞接続の方程式＝「【態動詞語幹＋挿入音素[x]】＋活用接辞＋助動詞接辞」
　助動詞接続では、活用接辞なしで直接接続もあり、挿入音素[x]が助動詞接辞で決ることもある。挿入音素：xは子音または母音「一音素」で間に合う。
　（挿入音素xとして一拍分の長さを持つ音便：I、Q、Nも含められます）

　まえがきが長くなりすぎました。　本編が仮説だらけの思考実験ですから、まえがきと、はじめにを読んでいただけば、全体の骨子がまず見通せるようにと配慮しました。
どうぞ、本文を通読していただき、ご自身のお考えと比較していただけたら幸いです。　読了したときに、上記の①～④の課題例に対してもう一度ご自身の頭脳を使って解答してみてください。新しい視点に立たれることを期待します。

　読みながら考えるときに、「それが正しいならすべてに適用できるのか?」、「条件が逆なら、どうなるか?」、「その二つで全体になるか?」という視点で本編を検証していただけるとうれしいです。
この方法を「二分合体思考法」と名付けましたが、思考実験の自己検証に役立つからです。ものごとは表裏一体、相補双対の関係にあることが多いからです。
例：考えられる→：考え[r→s]a(r→s)eru：←考えさせる、受動態と使役態が表裏一体、鏡像関係にあることに気づいています。

目　次

まえがき ・・・・・・・・・・・・・・・・・・・・（2）
　日本語の受動態の多義性や可能態を説明できているか ・・・（3）
目　次
はじめに ・・・・・・・・・・・・・・・・・・・・（8）
　図：学校文法：態接辞は五段／一段用に2通り変形　・・・（9）
　図：態文法考：態接辞は子音／母音語幹に共通で1通り　・・・（11）

第一章　1．日本語の動詞の構造 ・・・・・・・・・・（14）
　動詞の区分：自動詞・他動詞の有対、無対　・・・・（14）
　動詞をローマ字つづりで音素解析：予行練習　・・・・（15）

1．1　有対自動詞・有対他動詞の自他交替方法 ・・・・・・・・（17）
　例1：母音始まりの自他交替接辞(自他混在:aru/eru/asu接辞)・（17）
　(自他交替接辞(:aru/eru/asu)は態接辞に再利用できる)
　例2：母音始まりの自他交替接辞(:iru/asu, osu)　・・・・（17）
　例3：母音語幹＋子音始まり自他交替接辞(:ru/su, seru対向)・（18）
　分かったこと：有対自他動詞の生成方法　・・・・・・・・（18）
　(「態の双対環」、「動詞語幹＋挿入音素」)

1．2　無対自動詞、無対他動詞の使役交替(態の交替)　・・・・（19）
　(自他交替接辞(:aru/eru/asu)は態接辞に再利用できる)
　能動系、強制系、使役系3種「態の双対環」予習　・・（20）
　例4：無対自動詞の使役交替：「態の双対環」試用　・・（21）
　例5：無対他動詞の使役交替：「態の双対環」試用　・・（21）
　分かったこと：無対自・他動詞の使役交替　・・・・・・（22）

1．3　態動詞の挿入音素を簡略表記する方法 ・・・・・・・・（22）
　挿入音素なし：[・]、最後尾[]、挿入音素あり：[r]、[s]
　簡易表記例：例4、例5の一部分の挿入音素表記　・・・（23）

第二章　2．態を考える ・・・・・・・・・(24)
個人的な受動態に対する探究心

2．1　態動詞生成の方程式 ・・・・・・・・・・(25)
段階：動詞の自他生成→態の生成→動詞活用→助動詞接続 ・・(26)
態動詞生成の方程式＝【動詞語幹＋挿入音素[r/s]】＋態接辞 ・(28)
挿入音素：「r→s」交替の意味 ・・・・・・(29)
2．1．1　動詞活用の方程式 ・・・・・・・・・(31)
2．1．2　動詞活用＋助動詞接続の方程式 ・・・・・・(33)

2．2　態の区分を考える ・・・・・・・・・・(35)
態の旧式区分、態の新式区分、能動性と所動性の対向 ・・(35)
「r→s」交替と自律動作／律他動作の鏡像関係 ・・・・(39)

2．3　態接辞の種類と意味を考える ・・・・・・・・(40)
2．3．1　態接辞の種類(能動系、強制系、使役系) ・・・(40)
2．3．2　態接辞の意味：可能態、結果態： ・・・(41)
態接辞の意味：強制態、受動態、使役態： ・・・(43)
態接辞の意味：要約の一覧 ・・・・・・・(46)

2．4　「態の双対環」を考える ・・・・・・・・・(48)
双対の対向軸、「双対環」、「態の双対環」構造図 ・・・・(48)
「態接続の方程式図」 ・・・・・・(50)
「態の双対」簡易文字列表記方法 ・・・・・(52)
子音語幹「す」語尾動詞、母音語幹「せる」語尾動詞 ・・・(52)
3種「双対環」・飛び移り使役 ・・・・・・(53)
「双対環」を広めたい理由 ・・・・・・(55)

第三章　3．態文法を再生する・・・・・・・・・・・(57)
　　　二重可能態を誤用であるとする理由　・・・(58)

3．1　強制態と使役態を使い分ける・・・・・・・・・(59)
　「す」語尾動詞：他動詞と律他動詞　・・・(60)
　「す」、「せる」の違い　・・・・・(61)
　使い分け：対物他動詞／対人強制／漢語動詞　・・・(63)

3．2　結果態と強制態を再評価する・・・・・・・・・・(65)
　古語辞典：「る：無作為動作」／「す：作為動作」　・・・(66)
　新文法：「る：自律動作」／「す：律他動作」　・・・(66)
　「r→s」交替は「自律／律他」移行　・・・(66)

3．3　受動態の深層意味はひとつ・・・・・・・・・・・(69)
　動作結果が「ある、あれる」：形態　・・・(69)
　動詞＋「あれる、在れる、有れる」直結：意味の把握　・・・(70)
　用法把握：補語との関係　・・・・・・(71)

3．4　可能態と受動態は住み分けて・・・・・・・・・(72)
　「ら抜き」とは大誤解、「ar抜き」が可能態　・・・(72)
　「す」語尾動詞の可能表現を救済　・・・(73)
　母音語幹動詞も可能態適用すべき　・・・(75)
　可能態と受動態の意味の差　・・・・・(76)

あとがき・・・・・・・・・・・・・・・・・・・(79)
　態の双対環を手掛かりに　・・・(79)
　思考：(動詞語幹＋挿入音素[r／s])とすべき　・・・(79)
　思考：挿入音素[r／s]交替は自律／律他の鏡像を反映　・・・(80)
　思考：時枝「入れ子」文法：日本語構文は前へ前へ括られる・・(81)

はじめに

　日本語の文章を読んだり書いたりしてきた経験はそれほど多くありませんが、若い時代に日本語の受動態の多義性に人一倍の関心を持っていました。
・足を踏まれた。
・本を贈られる。
などの表現方法が西欧語に比べて独特な感性だなと気になっていました。
それから４０年、仕事を卒業してから独学の学習や思考実験を繰り返しているうちに、ようやく日本語の独特な感性の深層構造が分かったように思います。
冒頭にお断りしますが、考察の範囲は「態文法・考」であること、文法全般でなく「態文法」に限定したことです。文章の書き方や進め方が「考える」、「語感として感じる」ことを元にしていますから、分かりにくいところが随所に現れると思います。分かるところだけでもいくつかあればうれしいです。
できる限り参考文献や現状文法のどこに合意ができ、どこに賛同できないと「考える」かを挙げてから試論・仮説を記述したつもりです。

　これから述べる「態文法:「態の双対環」方式」の内容は、いわゆる学校文法の「態の文法」と適合しない部分に焦点を合わせ、新しい仮説を提起しました。また、日本語教育の現場でも「学校文法」と違う方針で構文説明している実態もあるでしょうが、その教育現場での「教育文法の常識」にも対立する側面があります。
実際、日本語研究分野の学外研究会に希望参加して「態文法・考」を披露させていただきましたが、常連会員からはとても懐疑的、反発的な反応がほとんどでした。

　現在の日本語で言葉の乱れとして問題になっているものに、いわゆる「ら抜き言葉:誤名称ですが、非文法ではありません」、「さ入れ言葉」、「れ足す言葉」などの使用があります。
これらはすべて動詞の「態の文法」に関わる事柄です。
右に図示する学校文法の「態の生成」は、態接辞の形態が２種類ずつあり、語幹と態接辞の接続を間違える可能性があります。また、接辞自体が持つ意味についても十分に感得できていないと感じています。

日本語動詞:学校文法の態生成を図解（推測を含む）

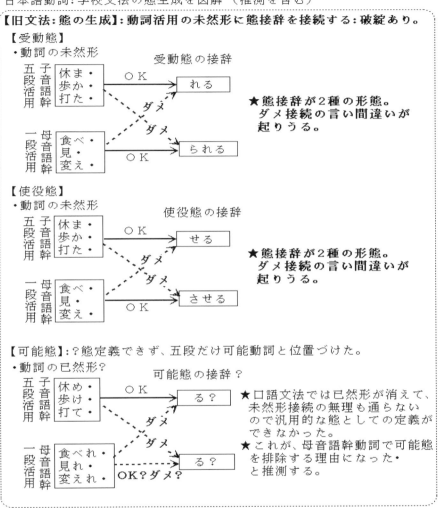

この問題を解決するには「態の文法」常識:ひらがな解析による動詞語幹＋活用語尾を見直し、ローマ字つづりで正確に音素つながりを解析する必要があります。

「ローマ字つづり」で音素解析すれば、語幹と付加音素と共通接辞の形態が明確になり、動詞語幹と態接辞の接続方法の「新しい方程式」へ近づきます。音素解析の効果を形にしたものがつぎの方程式です。
【態動詞生成の方程式】＝「動詞語幹＋挿入音素＋態接辞」
の３要素での合成で態が構成されると考える。
おそらく音素解析を行う研究分野としても、この３要素による３項方程式が基本模型になることに理解はしていただけると思う。

　右に図示する【新文法：態の生成】で提唱する「態文法」は、３項方程式の解釈で独自の文法則を応用するものです。
○態動詞を生成するとは：動詞の活用ではなく、その前段階で態動詞を生成すること。
○方程式の【１項＋２項】の語尾が必ず子音語尾であれば、態接辞（すべて母音始まり）に音韻的な接続が円滑にできる。
○子音語幹動詞は、そのまま子音語尾の条件に合致している。
○母音語幹動詞は、終止形語尾「る」の[r：自律動作を表す]を挿入音素として付加すると、子音語尾にできる。（現実の日本語をローマ字解析すると分かります）
○母音語幹動詞を使役系態生成する場合には、「さす：S・asu／させる：S・aseru」の[S：する動詞の単音語幹]を挿入音素として付加すると、意味的にも強制・使役（他を律する動詞）風の子音語尾化ができる。（現実の日本語をローマ字解析すると分かります）
○【動詞語幹＋挿入音素】を図では原態形と仮に名付けたが、本文では使用しません。（この３項方程式を、態生成だけでなく、動詞活用や助動詞活用にも応用する）
○原態形：子音語尾化したので、態の接辞は共通形態で表現できます。これが「ローマ字つづり解析の効用」です。
○態の言い間違えがなくなり、「ら抜き言葉」が正当化される反面、「さ入れ言葉」と「れ足す言葉」が消える方向に向かうでしょう。

【新文法:態の生成】:新概念「動詞原態形」に態接辞を接続する。
【受動態】　　　子音語幹動詞はそのままで子音語尾・原態形。
・動詞原態形＝動詞母音語幹＋態挿入音素:[r:自律／s:律他]

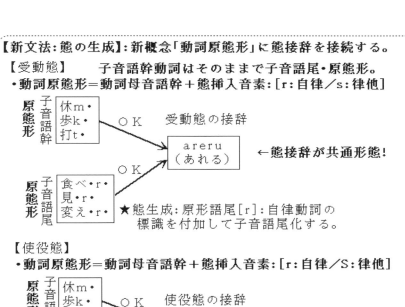

★態生成:原形語尾[r]:自律動詞の
　標識を付加して子音語尾化する。

【使役態】
・動詞原態形＝動詞母音語幹＋態挿入音素:[r:自律／S:律他]

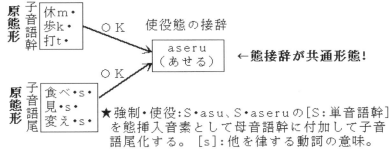

★強制・使役:S・asu、S・aseruの[S:単音語幹]
を態挿入音素として母音語幹に付加して子音
語尾化する。[s]:他を律する動詞の意味。

【可能態】:問題なく可能態をすべての動詞に定義できる。
・動詞原態形＝動詞母音語幹＋態挿入音素:[r:自律／s:律他]

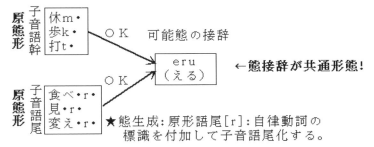

★態生成:原形語尾[r]:自律動詞の
　標識を付加して子音語尾化する。

ただ、この方程式を解釈するにも３通りの方法があり得ますから、現在の実践の方法にも差が現われています。
（１）日本語教育現場：**態動詞＝「【動詞語幹＋挿入音素＋態接辞】」**
　：棒読み式に３つの要素を一括りにした構文として教える、覚える。
　　（特に外国人留学生向け日本語教育の現場）
（２）日本語研究分野：**態動詞＝「動詞語幹＋【挿入音素＋態接辞】」**
　：動詞語幹を区別させ、学校文法と同じく挿入音素を態接辞の頭部に付加させる方式です。
　これでは、動詞語幹が子音/母音の区別、挿入音素・有/無の差が付いた態接辞で、２×２の選択組合せですから、選択間違いの元凶が残ります。
　将来も言い間違いが発生します。
（３）「態の双対環」方式：**態動詞＝「【動詞語幹＋挿入音素】＋態接辞」**
　：挿入音素を動詞語幹側に付加するのが画期的な解釈方法です。
　　【動詞語幹＋挿入音素】と見抜けば、態接辞の姿、形が単一化し明確になり、当然の結果として、単一の態接辞ですから選択間違いが起きようもありません。

　この動詞に関する３項方程式は、態動詞の生成だけでなく、動詞活用、助動詞活用の際にも適用できるものです。
つまり、(動詞語幹＋挿入音素・付加操作)することによって、後続する活用接辞、助動詞接辞の子音／母音始まりに適合させられるわけです。
★「態文法」にとって、あるいは「動詞文法」にとって、３項方程式の第３解釈法：**「【動詞語幹＋挿入音素】＋機能接辞」**は目から鱗の大転換といえる非常に合理的な文法則になるものです。

　遅ればせながら、本書の記述構成をご案内します。
第一章では、
　動詞の構造、自他交替の機能接辞、使役受動の構成を記述する。
第二章では、
　最初に態生成、動詞活用、助動詞接続を３項方程式の第３解釈法で記述す

る。

次に、態の区分：自律動作／律他動作、能動性／所動性の対向を提起する。
もう一つ、新しい「態文法：「態の双対環」方式」には、

【態の双対環】という独特な仕掛けもあります。
・１つ目の態の対向軸【能動態←・→受動態】を垂直に立て、
・２つ目の態の対向軸【結果態←・→可能態】を水平に組合せて、
環状の「双対環」に見立てた新しい考え方です。
　【結果態接辞：aru←・→eru：可能態接辞の対向関係】を用いた実際の自他交替動詞例の数は、圧倒的に大量です。重要な文法原理が隠されているはずです。

第三章では、
　新しい態文法を再生しながら、態運用のときに問題となるものをどう解釈するか、４課題にしぼりこんで記述しました。
では、ご一読をお願いいたします。

第一章
１．日本語の動詞の構造

　動詞は発話のなかで活用されて構造が変化していきます。
いわゆる膠着語として動詞に接尾辞や助動詞が後続して活用されます。

　　最初に日本語の動詞の区分方法について簡単にふれておきます。
【自動詞か、他動詞かの識別法から動詞を区分】
①無対自動詞：飛ぶ、歩く、走る、泣く、死ぬ、、
　（通常、対応する他動詞動作がない）
②有対自動詞／他動詞：立つ/立てる、移る/移す、動く/動かす、伸びる/伸す、
③有対他動詞／自動詞：掴む/掴まる、取る/取れる、倒す/倒れる、落す/落ちる、
④無対他動詞：飲む、食べる、売る、買う、調べる、、
　（通常、自動詞動作がない）
⑤自他両用動詞：ひらく、とじる、
　に分類される。

　有対自他動詞は、一つの根源動詞から接尾辞を付加して自動詞と他動詞を生み出す方法：「自他交替」機能で効率的に動詞の数を増やしたのです。派生した動詞の「対」は有対自動詞・有対他動詞と呼ばれ、それぞれ個別の動詞単語として使われます。
自他交替を作り出す機能接辞の性能は、基本的に「動詞の態変化の表出」をつかさどる力を持っていますから、汎用的に態機能の生成やアスペクト的な変化機能を表すものが含まれています。
つまり、自他交替接辞からいくつかの汎用的な接辞を態接辞として再利用しているのだと「態文法「態の双対環」」では見なしたのです。
【有対自他動詞の生成をローマ字つづりで音素解析する】
　動詞に機能接辞が後続して新しい単語となる場合の構造変化は、要素の単純横並びの複合ではなく、音韻的な接合変換を伴います。
合理的に「音韻的な接合変化」を調べるためには、「ローマ字つづりによる音

素解析」が必要で、従来の「ひらがな解析」では把握することができません。
たとえば、(ちょっと寄り道ですが)
・自動詞:「休まる」は、原動詞「休む」に機能接辞:「ある」が接合して誕生した動詞です。
・同様に自動詞:「掴まる」は、他動詞「つかむ」に機能接辞:「ある」が接合した動詞です。

従来の学校文法の「ひらがな解釈」では(接辞付きの動詞として分析したら)
・休むの未然形:休ま-、に「-る」が付く、
・つかむの未然形:つかま-に「-る」が付く、という解釈しかできません。
一方、ローマ字つづりで音素解析する立場では、
・休m・aru:[yasum]+aru、のように、語幹と「ある」を明確に分解表記できます。
・つかm・aru:[tukam]+aru、のように、語幹と「ある」を分解表記できます。
当然ながら「ある」は潜在的に、「在る、有る、ある、」の意味を持っています。
★休む、つかむの動作結果が「ある」状態を「休まる」、「つかまる」で表します。結果の状態動詞ではありますが、休んで安息が「ある」状態への周到な動作をすることの意味も含んでいます。
・何かに「つかまる」も、つかんで保持する状態を「あらす、あらせる、あるようにする」動作が含まれているはずです。

機能接辞「ある」をきちんと「ある」と認識することで正しい理解ができますし、動詞単語のなかに機能が埋め込まれていると教えられます。

　以下、しばらくは「ローマ字つづり」が混在しますので、分析に立会うつもりでお読みください。
本題にもどって、まず、有対自他動詞での自他交替機能接辞を分析します。
基本の態接辞が早々に出てきます。
つぎに無対自動詞、無対他動詞の自他交替:これは使役・受動交替というべき機能接辞に相当しますが、それを分析します。使役、受動の機能接辞は、まさに態の接辞です。
有対自他動詞の機能接辞が基本の由来ですから、順番に確認していきましょう。

有対自他動詞の生成:自他交替機能接辞で大まかに区分

例	型	結果態:aru	区	可能態:eru	区分	原形態:u	区	強制態:asu	区
1	1	[tukam]aru	自			掴[tukam]u	他		
1	1	[husag]aru	自			塞[husag]u	他		
1	2	[ag]aru	自	上[ag]eru	他				
1	2	[yasum]aru	自	[yasum]eru	他※	休[yasum]u	自		
1	3			[tat]eru	他※	立[tat]u	自		
1	3			[todok]eru	他	届[todok]u	自		
1	4			[tor]eru	自※	取[tor]u	他		
1	4			[yak]eru	自※	焼[yak]u	他		

例	型	結果態:aru	区	可能態:eru	区分	原形態:u	区	強制態:asu	区
1	5			出[d]eru	自			[d]asu	他
1	5			逃[nig]eru	自			[nig]asu	他
1	7					動[ugok]u	自	[ugok]asu	他
1	7					減[her]u	自	[her]asu	他

例	型	接辞:変化あり	:iru	区分	古原語:	強制態:asu	区
2	8	接辞:iru	[nob]iru	自	伸[nob]u	[nob]asu	他
2	8	接辞:iru	[ik]iru	自	生[ik]u	[ik]asu	他
2	9	接辞:osu	[ot]iru	自	落[ot]u	[ot]osu	他
2	9	接辞:osu	[horob]iru	自	滅[horob]u	[horob]osu	他

例	型	接辞頭が子音	:reru	区分	:ru	区	:su	区
3	6	:reru/:su	倒[tao]reru	自	古:[tao]ru		[tao]su	他
3	6	:reru/:su	離[hana]reru	自	古:[hana]ru		[hana]su	他
3	10	:ru/:su			起[oko]ru	自	[oko]su	他
3	10	:ru/:su			渡[wata]ru	自	[wata]su	他

例	型	接辞頭が子音			:ru	区	:seru	区
3	11	:ru/:seru			寝[ne]ru	自	[ne]seru	他
3	11	:ru/:seru			浴[abi]ru	自	[abi]seru	他

例	型	自他交替ない	:eru	区分	古語:ayu		
	12	変遷	聞[kiko]eru	自	聞[kik]ayu		
	12	変遷	見[mi]eru	自	見[mi]yu		

↑　↑自他交替の接辞組み合せ型番号:1〜12型まであり。
↑本文で解説する例番号:1〜3まであり。

○可能態区分の他※の記号は、他動詞と自・可能態の二義を持つことを表す。
　自※の記号は、自動詞と他・可能態の二義を表す。

１．１【有対自動詞・他動詞の自他交替の方法】＝有対自動詞が多い

日本語の動詞にある特長は、自動詞と他動詞が形態的に対構造で使われる傾向が強いことです。有対自他動詞と呼び、自他のどちらが根源動詞か迷うものもありますね。

有対自他動詞をローマ字つづりで音素解析していくと、対ごとに共通の動詞語幹と自他交替のための接辞が分かります。（左頁の表を参照する）

【例１：共通根源動詞＋母音始まり自他交替接辞】ローマ字つづりで示す。
　自他、他自混在。
・掴[tukam]u/[tukam]aru、塞[husag]u/[husag]aru、
・上[ag]eru/[ag]aru、休[yasum]eru/[yasum]aru、
・立[tat]u/[tat]eru、届[todok]u/[todok]eru、
・取[tor]u/[tor]eru、焼[yak]u/[yak]eru、
★-↑交替接辞：u/aru/eru で、接辞中に「s」を含まない形式：４組あり--
・出[d]eru/[d]asu、逃[nig]eru/[nig]asu、
・動[ugok]u/[ugok]asu、減[her]u/[her]asu、
★-↑交替接辞：u/eru/asu で、接辞「s」を含むほうの動詞は他動詞--
ローマ字つづりの接辞：u は動詞終止形の共通語尾音です。
例１では自他交替接辞が母音始まりの「eru、aru、asu」を取り上げました。この３つの接辞は重要な機能があり、後述の「態の接辞」として再利用します。（注：aru は文語受動態、asu は文語使役態に使う接辞。また、aru/eru の自他交替派生例は他の例より断然多く存在します。ですから「eru」も重要接辞だと直感します。しかし従前では自動詞にも他動詞にも交替機能を発揮する変種あつかいでした）

【例２：共通根源動詞＋母音始まり自他交替接辞】単語特例の接辞。（r/s の対向関係）
・伸[nob]iru/[nob]asu、生[ik]iru/[ik]asu、
・落[ot]iru/[ot]osu、滅[horob]iru/[horob]osu、
これらの単語には、古語：伸 nobu、生 iku、落 otu、滅 horobu という根源動詞

があり、変遷のなかで自他交替の対動詞が生まれてきたのでしょう。
★-↑交替接辞：iru/asu/osu で接辞「s」を含む動詞が他動詞です--

【例３：共通根源動詞が母音語尾＋子音始まり自他交替接辞】
　(ru/su、ru/seru の対向関係)
・倒[tao]reru/[tao]su、離[hana]reru/[hana]su、
・起[oko]ru/[oko]su、渡[wata]ru/[wata]su、
・寝[ne]ru/[ne]seru、浴[abi]ru/[abi]seru、
(見[mi]ru/[mi]seru、着[ki]ru/[ki]seru、)
これらの単語には、古語では ru/su 語尾の自他対応から段々と変化してきたような感じを受けます。
★-↑交替接辞：reru/ru/su/seru で接辞「s」を含む動詞が他動詞です--

【分かったこと：有対自他動詞の生成法】
　自他交替の動詞についてローマ字解析で語幹と接辞のつなぎ方を調べて分かることは、
①共通根源動詞が子音語幹であることが多く、それにつながる自他交替接辞は
　母音始まりである。
②共通根源動詞が母音語幹である場合は、それにつながる自他交替接辞は
　子音始まりである。
③有対自他動詞の接辞側に「s」を含む動詞は、他動詞である。
　（逆順の、他動詞は「s」付きである、それは偽論法です）
④母音語幹の有対自他動詞では、接辞側に「r」が付けば自動詞、「s」を含むほ
　うは他動詞という潜在的な「r/s」対向関係がある。

【生成後の動詞は、接辞の形態で子音語幹、母音語幹が変化する】
　自他交替で派生した動詞はその接辞を含めた個々の単語として使われます。
・上[ag]eru→上げるの新語幹[ag・e]ru、母音語幹に変わります。
・上[ag]aru→上がるの新語幹[ag・ar]u、子音語幹です。
・生[ik]iru→生きるの新語幹[ik・i]ru、母音語幹に変わります。

・生[ik]asu→生かすの新語幹[ik・as]u、子音語幹です。
・落[ot]iru→落ちるの新語幹[ot・i]ru、母音語幹に変わります。
・落[ot]osu→落とすの新語幹[ot・os]u、子音語幹です。
・浴[abi]ru→浴びるの語幹[abi]ru、母音語幹のままです。
・浴[abi]seru→浴びせるの新語幹[abi・se]ru、母音語幹に変わります。
派生動詞が実際に活用する段階では新語幹を正確に見極めて、次段階の態接辞、助動詞との接続を成し遂げていかなければなりません。

○態文法:「態の双対環」方式の考え方を事前予告風にチラ見せすると、
・新語幹の([ag・e]r)、([ik・i]r)、([ot・i]r)、([abi]r)、([abi・se]r)のカッコ範囲を、動詞原形語尾子音=【動詞語幹+挿入音素】と捉えれば、子音語幹並みにあつかえる、という文法則です。
そうすれば、「母音始まりの態接辞」との接続がすべての動詞でうまく行きます。
○なお、強制態、使役態接辞との接続では挿入音素「r」を「s」に交替させて、([ag・e]s)asuのように、([ik・i]s)、([ot・i]s)、([abi]s)、([abi・se]s)とすれば、うまく行きます。

　これを「r→s」交替と呼びますが、母音語幹動詞では、「上げ・さす、生き・させる、落ち・さす、浴び・させる、浴びせ[r→s]aseru」のように、「する」動詞の強制・使役形:さす、させる、と連結して態を生成します。
[s]asu、[s]aseru、の[s:単音語幹音素]を挿入音素に組み合わせたものが、母音語幹動詞で発生する[r→s]交替です。

１．２【無対自動詞、無対他動詞の使役交替の方法】＝態を交替させる

　無対自動詞に対する自他交替とは、相手に能動自律の行動をさせる動詞→強制、使役動詞の生成です。
また、無対他動詞に対する自他交替とは、相手の動作を受動的に受ける状態を表す動詞の生成です。
前節に示した動詞例で言えば、
①無対自動詞:飛ぶ、歩く、走る、泣く、死ぬ、

④無対他動詞：飲む、食べる、売る、買う、調べる、
などを(自他交替)使役交替(：態交替)させる方法を見つけ出しましょう。
同じく前節の【例1】で指摘したように、
例1では自他交替接辞が母音始まりの「eru、aru、asu」を取り上げました。
この３つの接辞は重要な機能があり、後述の「態の接辞」として再利用します。
と前触れしました。

【「態の双対環」：対になる態の接辞が２組あり、直交軸を成す】

　「態の接辞」の詳細は「態の双対環」の項で説明しますが、復習と予習を兼ねてチラ見せします。
前節の有対動詞【例1】前半にある「休む」動詞を見本にして考察します。
○休[yasum]aru：自動詞／[yasum]eru：他動詞、を示しました。
　この２つの接辞が自他交替を成し遂げられると言うことは、動詞の態交替を為しているはずだと考えた。(対向関係にある接辞の対：休まる－休める)
○また、休[yasum]u：能動／[yasum]areru：受動
　これが２つ目の対向関係にある接辞対です。(休む－休まれる)
○「態の双対環」は、２つの対向接辞を水平・垂直に組み合せて環状にした図柄を想像したものです。簡略一行表記では、休む／休める／休まる／休まれる(図柄配置は上・右・左・下)とします。
○ローマ字つづりで一行表記すると、強制態では
・休ます[yasum]asu/[yasum]as・eru/[yasum]as・aru/[yasum]as・areru、となります。
・熟達すれば、休ます[yasum・as]u/[yasum・as]eru/[yasum・as]aru/[yasum・as]areru、と発話したりができるようになるでしょう。
使役態では、
・休ませる([yasum・as・e]r)u/([yasum・as・e]r)eru/([yasum・as・e]r)aru/([yasum・as・e]r)areru、という発話ができると
「双対環」熟達レベルですね。

本題にもどります。

【例４：無対自動詞の使役交替：態交替】

- 飛[tob]u/[tob]eru/[tob]aru/[tob]areru、
- 飛ばす[tob]asu/[tob・as]eru/[tob・as]aru/[tob・as]areru、
- 飛ばせる([tob・as・e]r)u/([tob・as・e]r)eru/([tob・as・e]r)aru/([tob・as・e]r)areru、
  (能動系「双対環」、強制系「双対環」、使役系「双対環」を表示した)
- 走[hasir]u/[hasir]eru/[hasir]aru/[hasir]areru、
- 走らす[hasir]asu/[hasir・as]eru/[hasir・as]aru/[hasir・as]areru、
- 走らせる([hasir・as・e]r)u/([hasir・as・e]r)eru/([hasir・as・e]r)aru/([hasir・as・e]r)areru、
  (能動系「双対環」、強制系「双対環」、使役系「双対環」を表示した)

【例５：無対他動詞の使役交替：態交替】

- 飲[nom]u/[nom]eru/[nom]aru/[nom]areru、
- 飲ます[nom]asu/[nom・as]eru/[nom・as]aru/[nom・as]areru、
- 飲ませる[nom]as・eru/([nom・as・e]r)eru/([nom・as・e]r)aru/([nom・as・e]r)areru、
  (能動系「双対環」、強制系「双対環」、使役系「双対環」を表示した)
- 食([tabe]r)u/([tabe]r)eru/([tabe]r)aru/([tabe]r)areru、
- 食([tabe]r)u/([tabe]r)eru/([tabe]r)aru/([tabe]r)areru、
- 食べさす([tabe]s)asu/[([tabe]s)as]eru/[([tabe]s)as]aru/[([tabe]s)as]areru、
- 食べさせる[([tabe]s)as]eru/([[(tabe]s)as・e]r)eru/([[(tabe]s)as・e]r)aru/([[(tabe]s)as・e]r)areru、
  (能動系「双対環」、強制系「双対環」、使役系「双対環」を表示した)

★母音語幹動詞の語尾に「r」付加した形態：([tabe]r)：(母音語幹＋「r」挿入音素)で態接辞につなぐ。

★強制系、使役系では「r」を「s」に交替させた形態：([tabe]s)：(母音語幹＋「s」挿入音素)で態接辞につなぐ。

【分かったこと：無対自・他動詞の使役交替法】
①無対の自動詞、他動詞の動作に対する周囲への影響は、受動態や強制、使役態などで表現できる。（予習中ですが）自他交替の接辞のうち使役交替、態交替にも再利用する接辞がある。
（自他交替接辞：母音始まりの「eru、aru、asu」の３つ、これを合成した「areru」受動態接辞、「aseru」使役態接辞の合計５つが態の接辞です）
②（予習中ですが）「態の接辞」５つを使った相似的な３種の「双対環」文字列表記を初めてお見せしました。面倒くさい表記形式で読みにくいかもしれません。
でも、実際の会話の中では皆さんが頭の中で操作している態の構造なのです。
とは言え、少し簡略化した表記を次節に示します。
③「食べれる」と「ら抜き言葉」を断りもなく混入させています。自然な言語用法なので「態文法・考」では正当に採用しています。
・可能態は eru／受動態は ar・eru ですから、「ar 抜き言葉」なら正確な現象呼称です。
世間の「ら抜き言葉」呼称そのものが文法解釈を踏み外しています。
・可能態を母音語幹の動詞にも認めるべきで、詳細説明は後述する予定です。

１．３【態動詞の挿入音素を簡略表記する方法】

【動詞語幹＋挿入音素の簡略ローマ字つづり】＝挿入音素だけに[]、[r]、[s]記号をつける。
態動詞を連続して生成していくと、動詞語幹が伸びていきます。
当初の語幹位置を示し続けるのを止めて、新しい語幹位置での表示だけにすれば少ない記号で確実に表現できてよいだろう。
（練習のため段階的な語幹表示をしたわけですが、工夫は必要ですね）
★そこで簡略表示の方法として最後尾の[挿入音素]だけを表示させてみよう。
挿入音素なし：「・」、最後尾は[]、挿入音素あり：[r]、[s]と記号する。

前節の例４、例５を「挿入音素の簡易表記法」で表示してみよう。

【例４：一部略記】
- 走る hasir[]u/hasir[]eru/hasir[]aru/hasir[]areru、
- 走らす hasir[]asu/hasir・as[]eru/hasir・as[]aru/hasir・as[]areru、
- 走らせる hasir・as・e[r]u/hasir・as・e[r]eru/hasir・as・e[r]aru /hasir・as・e[r]areru、

【例５：一部略記】
- 食る tabe[r]u/tabe[r]eru/tabe[r]aru/tabe[r]areru、
- 食べさす tabe[s]asu/tabe・s・as[]eru/tabe・s・as[]aru/tabe・s・as[]areru、
- 食べさせる tabe・s・as[]eru/tabe・s・as・e[r]eru/tabe・s・as・e[r]aru /tabe・s・as・e[r]areru、

〇これは「態生成の３項方程式」に対して、第二項：[挿入音素]を識別させるので、前の第一項：動詞語幹に対しても、後ろの第三項：態接辞に対しても「区切りが明確になる」効果がある。

以降の記述ではこの「**挿入音素簡略表記法**」を用いることとします。

第二章
２．態文法を考える

「態文法を考える」誘因となったのは、
① 日本語の受動態は、形態は一つでありながら、意味するところが広い。
　しかし、学校文法では感性に響くような文法的説明をしていない。
　このことに長い間、疑問を抱いていた。
②「書ける/書かれる」、「見れる/見られる」、「食べれる/食べられる」、
　：可能態と受動態可能表現に若干の意味合い（意図と実績）の違いがあります。
　だから、両者は共存・共栄が可能なはずです。
　しかし、学校文法では「受動態を正しく解釈する」ことができていないため、
　母音語幹動詞に可能態はダメだという極めて変則的な制限をかけている。
　　（理由も開示していない）と長い間、感じています。
③ 市販の文庫本、新書本での日本語文法解説書を各種読んで考えるを繰り返し
　ています。
・『日本語の構造』中島文雄：受動態：自発、可能、受動、尊敬を表す。
　元来自然発生の感覚でとらえ、自発の意味から多義の解釈もできる。
＜自発で解釈は現代人の感覚になじまない。「ある」の多義を語るべき＞
・『再構築した日本語文法』小島剛一：情動相：喜怒哀楽の受身表現に限定。
　翻訳調の受動態には「疑似受動態」という扱い方。
＜本来受動態が広い意味を表す能力を持っているのに制限する？＞
・『日本語に主語はいらない』金谷武洋：受動を「動詞語幹＋ある」と解釈す
　るので一番惹き付けられました。その一方で、自・他動詞体系の捉え方が一
　直線志向です。
　（自然・人為が及ばない「受動」、自動詞、他動詞、人為・意図性がつよい「使
　役」が一直線に並ぶ）、とする模式図が提示される。
＜しかし、それでは日本語の受動態が自動詞・他動詞、使役にだって接続でき
　る複線構造の実態を説明できないと反論したい＞
○ いずれにしろ、受動態の解釈を「自然発生だ、情動吐露だ、人為を超えた行
　為だ」と定義しても、文語時代ならいざ知らず、もっと現代人の人為に寄り

添った「受動態」の解釈が必要なのではないか。
独自の新しい態文法として考えた事柄はつぎの４項目です。
　２．１【態動詞生成の方程式を考える】
　２．２【態の区分を考える】
　２．３【態接辞の種類と意味を考える】
　２．４【「態の双対環」を考える】
各項目を読んでの感想はいかがでしょうか？
「態文法・考」の思考実験をしてきた間に、この４項目で壁にぶつかりながら「新しい見方」を発見できたことで、考えが自然に固まってきたように思います。この４つの「考える」項目は各自の脳みそで考えるための道具・手掛りになるはずです。
だから、これを手掛りにしてもっと効率的な考え方を皆様方が生み出してほしいですね。

２．１【態動詞生成の方程式】

　動詞用言の活用は発話の瞬間で決るように思えるが、
（１）自他交替動詞生成は動詞語彙として辞書に登録がある単語を想定するが、発話者が発話時点などで創作する場合もあり得る。
（２）態動詞の生成も既得の学習済みの単語が多いが、発話時点で最適な態表現を派生させての発話もある。
（３）動詞活用の段階は当然、発話時点だ。（１）（２）段階をへて選択した動詞に活用接辞、さらに後続して助動詞接辞を付けて文章化する。

（１）、（２）、（３）の段階で有限の時間幅があっても、時間の逆戻りはできない事象です。
　ここで、態の接辞、活用の接辞、助動の接辞についての考え方を整理しておきたい。上記のように時間順で見れば、態は一番目で、助動より早い。
態接辞の意味の上でも、助動詞のあつかいではなく動詞構造に組み込まれるものだとの認識が必要なのです。

★『国語学原論(上)』時枝誠記：態接辞についての要旨引用＞
＞「る」「らる」「す」「さす」など受身以下のものは、国語学史上大体において辞として取り扱わないのを原則とするのであるが、大槻博士の広日本文典以来、これを助動詞として、古来の辞の範疇に入れてから、今日においては動かすことが出来ない様に考えられるに至ったのであるが、詞辞の本質から見てこれを辞から除外しなければならないし、又そうすることが国語の文法組織を確立する為にも必要なことである。＜
＜引用終わり。
★(角川『国語大辞典』時枝誠記他昭和57年12月初版、態接辞は接尾語・見出し語扱いです。助動詞一覧には掲出しないという独自形式)
○態接辞を接尾語：詞の範疇として、通常の助動詞とは区別することに賛成する立場です。(だが、態の一覧表は新しく作成してほしい)
○状況証拠：国語辞典の助動詞活用一覧表でも、使役・受動が必ず先頭枠に置かれるのは、意味的にも使用順序一番目の優先度を示しているものです。
(岩波：広辞苑だけが使役・受動を助動詞一覧表の後半に配置する。理由不明)
(さらに角川『国語辞典 新版』昭和44年12月初版、昭和60年12月345版では、一覧表に使役が前枠側、受動が後枠側に他の助動詞と混在して置かれる。五十音順の並び)

「態文法」を考えるなかで、態を特別視するわけではなくても通常の助動詞とは区別すべきものとわかってきました。
また、同時に自他交替や態の生成で「動詞語幹との接辞接続」をする法則と、動詞活用や助動詞接続でも必要になる法則とが何か違いがあるのだろうかと思案しました。
その結果、「動詞語幹と機能接辞の接続方程式」にたどり着きました。
★動詞運用の各段階に共通する方程式である。
・**動詞方程式＝「動詞語幹＋挿入音素＋機能接辞」**：3項方程式で表現。
○「機能接辞」には、3種類ある。
　①自他交替接辞、それに由来する態接辞、
　②動詞活用接辞、

③助動接辞、(活用接辞＋助動接辞の連結を含む)の３種類を想定する。
○「挿入音素」は、動詞語幹と接辞との間に入って両者を音韻的に接続するための補間音素であり、「単音素」で間に合う。(ほとんど間に合う)
○「動詞語幹」は、語幹語尾により子音語幹と母音語幹の２種類に区分する。

★３項方程式の解釈法には、３通りの見方ができるが、ここで提唱する「態文法」では、【動詞語幹＋挿入音素】を一まとまりに解釈することを勧める。
そうすれば、機能接辞は独立して子音語幹・母音語幹に左右されない形態であつかえる。
・この利点は大きな効果を生み出すはずです。

【自他交替動詞生成の方程式】：態生成の方程式で詳細説明する。
　自他交替動詞生成＝「【動詞語幹＋挿入音素】＋自他交替機能接辞」
で多くの動詞が誕生した。
　(説明：次の態生成方程式の説明で代行。前章の例１～例５も参照してください)

【態動詞生成の方程式】：態生成には態接辞を接続する。
　態動詞生成＝「【動詞語幹＋挿入音素】＋態接辞」を、発話時点で発話者が作り出す動詞単語。

日本語の動詞：態動詞生成の方程式　　　（「態の双対環」方式による説明）

態動詞の生成＝「（動詞	＋[挿入音素]）	＋態接辞」	:態動詞の生成例
能動態原形	語幹　母音なら+[r]	u	歩k•u、見[r]u、食べ[r]u
可能態	語幹　母音なら+[r]	eru	歩ける、見れる、食べれる
結果態	語幹　母音なら+[r]	aru	歩かる、見らる、食べらる
受動態	語幹　母音なら+[r]	areru	歩かれる、見られる、食べられる

態動詞の生成＝「（動詞	＋[挿入音素]）	＋態接辞」	:態動詞の生成例
強制態原形	語幹　母音なら+[s]	asu	歩k•asu、食べ[r→s]asu
強制可能態	語幹　母音なら+[s]	as•eru	歩かせる、食べさせる
強制結果態	語幹　母音なら+[s]	as•aru	歩かさる、食べささる
強制受動態	語幹　母音なら+[s]	as•areru	歩かされる、食べさされる

態動詞の生成＝「（動詞	＋[挿入音素]）	＋態接辞」	:態動詞の生成例
使役態原形	語幹　母音なら+[s]	aseru	歩かせる、食べ[r→s]aseru
使役可能態	語幹　母音なら+[s]	aser•eru	歩かせれる、食べさせれる
使役結果態	語幹　母音なら+[s]	aser•aru	歩かせらる、食べさせらる
使役受動態	語幹　母音なら+[s]	aser•areru	歩かせられる、食べさせられる

（注）3組の態生成表（能動系、強制系、使役系）を示す。
★母音語幹で能動系なら+[r]を付加する。　★子音語幹ならば+[挿入音素なし]。
★母音語幹で強制系・使役系ならば→+[s]に付け替えする。
→食べ•さす、食べ•させるの連結を一語統合するため[r→s]交替します。

〇態生成の機能接辞は自他交替接辞の中から基本の３つを再利用する。
・態接辞として汎用的に使えるもので、詳細は次節に示すが、
　可能態接辞：eru（える）、結果態接辞：aru（ある）、
　強制態接辞：asu（あす）、が基本の３つ。
〇口語体文法では、結果態や強制態に可能態を合成した接辞：
・受動態接辞：areru（あれる）、使役態接辞：aseru（あせる）、を含めて
　５つの態接辞を使う。
方程式を使う立場で態接辞を暗唱するときには、（える）、（ある）、（あす）、（あれる）、（あせる）と唱えることができます。子音語幹、母音語幹に左右されないからです。

★方程式の要素：【動詞語幹＋挿入音素】とは何を意味するのか。
動詞語幹の定義は変わらないので、「挿入音素」の意味付けを知りたい。
共通形式で方程式を提起したから、態の方程式と、動詞活用の方程式では
「挿入音素」の意味付けが異なるものでしょう。
【挿入音素の条件】：態接辞の場合
〇動詞語幹と態接辞が音韻的に直接つなげないときに「挿入音素」を挟み込む。
・態接辞はすべて母音始まりであるから、子音語幹は直接つながる。
・母音語幹は「挿入音素」として子音単音の音素が必要である。
態接辞の性質は、自他交替の機能接辞と同じだから、「原動詞の原形子音」を
「挿入音素」とすればよい。
★母音語幹動詞の原形・終止形は「る」だから、[挿入音素]は[r]とする。
・見[る]→【mi[r]】、食べ[る]→【tabe[r]】、起き[る]→【oki[r]】、調べ[る]
→【sirabe[r]】、、、これが【母音語幹＋挿入音素】の形態である。
★子音語幹は、挿入音素は[]無しでよい。
・歩く→【aruk[]】、休む→【yasum[]】、割る→【war[]】、残す→【nokos[]】、、、
これが【子音語幹＋挿入音素】の形態である。
【例：態生成の方程式実例】：「双対環」で態の全展開をする。
　まず、母音語幹動詞の場合：
・能動系：食べ[r]u→tabe[r]eru→tabe[r]aru→tabe[r]areru、
　強制系：tabe[r→s]as[]u→tabe[r→s]as[]eru→tabe[r→s]as[]aru
　→tabe[r→s]as[]areru、
　使役系：tabe[r→s]ase[r]u→tabe[r→s]ase[r]eru→tabe[r→s]ase[r]aru
　→tabe[r→s]ase[r]areru、
　子音語幹動詞の場合：
・能動系：歩k[]u→aruk[]eru→aruk[]aru→aruk[]areru、
　強制系：aruk[]asu→aruk・as[]eru→aruk・as[]aru→aruk・as[]areru、
　使役系：aruk・as・e[r]u→aruk・as・e[r]eru→aruk・as・e[r]aru
　→aruk・as・e[r]areru、
★【挿入音素：「r→s 交替」の意味】
・母音語幹動詞の場合、能動系から強制系や使役系に移行するとき、

挿入音素が「r」から「s」に変化するのはなぜか。推測思考する。
〇「食べさせる」は「食べ・させる」、「食べ[r]uことを[s]aseru」で、食べる・させるの二語連結である。
・[r]は食べるの語幹原形語尾、[s]は「する」動詞の使役系での単音語幹音。「食べ・させる」で発話運用されるから、「【食べ・S＋[]】＋aseru」のように**方程式＝「母音語幹＋使役単音語幹S＋挿入音素[]無し】＋使役接辞」**と認識すれば精密な解釈になる。
「S」語幹が付けば「他を律する動作を表す」のに最適だろう。
通常は「食べらせる」とは言わないし、、、「r：自律動作、自分動作」だから。
・簡易的には[r→s]交替の表現で、「s」が強制系の単音語幹であると理解できれば、二語連結を一語に統合したのだと説明することになる。
このような語幹側の単語連結操作を[r→s]交替で済ませるということは挿入音素を語幹側に置くことの合理的な立証でもある。

　現状の態生成方程式の項立てに対する考察状況をまとめると、
①子音語幹動詞の態生成方程式＝「【子音語幹＋挿入音素[]】＋態接辞」を適用する。
②母音語幹の能動系態生成方程式＝「【母音語幹＋挿入音素[r]】＋能動系態接辞」を適用する。
③母音語幹の使役系態生成方程式＝「【母音語幹・S語幹＋挿入音素[]】＋使役系態接辞」を適用する。（厳密な解釈）
（融通的に挿入音素を解釈すると、[r]：自律動詞の語尾子音と[s]：律他動詞の語幹子音とが交替する現象に対しても、[r→s]交替と表現して許容できる範囲だろう。もちろん、いつかは広く検証する機会が必要でしょう）

2.1.1 【動詞活用の方程式】

次に、動詞の活用を方程式で表示してみよう。

【動詞活用の方程式】：動詞活用には活用接辞を接続する。

日本語の動詞：動詞基本活用の方程式　（助動詞接辞：ない、ます）

動詞活用=「	(動詞	+[挿入音素])	+活用接辞」	:動詞活用の生成例
未然形	語幹	子音なら+[a]	(nai)	歩k[a]ない、食べ・ない
連用形	語幹	子音なら+[i]	(masu)	歩k[i]ます、食べ・ます
終止形	語幹	母音なら+[r]	u	歩k・u、食べ[r]u
連体形	語幹	母音なら+[r]	u	歩k・u、食べ[r]u
仮定形	語幹	母音なら+[r]	eba	歩k・eba、食べ[r]eba
命令形	語幹	母音なら+[r]	e、e/o	歩k・e、食べ[r]e/o
意向形	語幹	母音なら+[y]	oo	歩k・oo、食べ[y]oo

注：活用接辞の頭部が子音／母音かにより語幹側の挿入音素が調整される。

：不規則動詞の基本活用の方程式　（助動詞接辞：ない、ます）

不規則活用=「	(動詞	+[挿入音素])	+活用接辞	:不規則動詞2例の活用
来る：未然形	k	+[o]	(nai)	来ない
する：未然形	s	+[i]	(nai)	しない
来る：連用形	k	+[i]	(masu)	来ます
する：連用形	s	+[i]	(masu)	します
来る：終止形	k	−	uru	来る
する：終止形	s	−	uru	する
来る：連体形	k	−	uru	来る
する：連体形	s	−	uru	する
来る：仮定形	k	−	ureba	来れば
する：仮定形	s	−	ureba	すれば
来る：命令形	k	−	o・i	来い
する：命令形	s	−	i・ro	しろ
来る：意向形	k	−	o・yoo	来よう
する：意向形	s	−	i・yoo	しよう

・動詞活用方程式＝「【動詞語幹＋挿入音素】＋活用接辞」が基本だが、次項に示すように助動詞を含めて文章作成することが多い。

・学校文法では動詞活用のなかに、態接辞も助動接辞も同列に接続するような方法で説明する。

・しかし、動詞活用の方程式(表)で示すように、「挿入音素」と「活用接辞」の

組み合せが意外な構造になっている。

未然、連用の段には、「活用接辞」が存在せず、つながるとしたら「助動接辞」とつながるのだと分かる。

この段では子音語幹で「挿入音素」の「あ」、「い」音が子音始まりの「助動接辞」：「ない」と、「ます」につながっている。

終止～命令、意向の段には、母音始まりの「活用接辞」があるので、母音語幹で「挿入音素」：「r」が挟まるが、最後の意向段では[r→y]交替がある。
(おいでやす、おたべやす、の[y]asu、[y]aroo だろうか)

【将来の国語辞典の表記法】

なお、将来には「動詞活用一覧表」の形式は例示した「方程式表」様式に更新していくといいですね。

日本語学問分野でも「ローマ字つづり音素解析」で得られた成果が一般的に知られているのは、動詞の子音語幹、母音語幹の識別くらいでしょうか。

〇国語辞典に新しい表記法を導入するとしたら、ローマ字つづりの効用を生かせるか。

見出し語：あるk-う、たべ-r-う、み-r-う、おき-r-う、やすm-う、はしr-う、k-うる、s-うる、

活用すると：あるk-あ-ない、あるk-い-たい、あるk-えば、あるk-える、たべ-ない、たべ-たい、たべ-r-えば、たべ-r-える、

あるk-い-たがる、たべ-たがる、たべ-て、読ん-で、飛ん-で、

(音便説明必要)

〇語幹語尾子音のローマ字がなんとも目立ちますが、3項方程式の形式がそのまま投影されているので、学習手法としてお薦めです。

少なくとも、国語辞典の付録解説として掲載するならば、定着も早いかもしれない。

2.1.2【動詞活用＋助動詞接続の方程式】

次に、動詞活用と助動詞の接続を方程式で表示してみよう。

【動詞活用＋助動詞接続の方程式】：活用接辞と助動接辞を接続する。

日本語の動詞:動詞活用＋助動詞接続の方程式

動詞活用＋助動詞＝	「（動詞語幹 ＋[挿入音素]）	＋活用接辞 」	＋助動詞	:動詞活用＋助動詞の生成例
未然形（打消し）	動詞語幹　子音なら＋[a]	－	nai	歩か・ない、食べ・ない
（打消し推量）			mai	歩か・まい、食べ・まい
連用形	動詞語幹　子音なら＋[i]	－	、	歩き、食べ、（短縮連節形）
（敬体形）			masu	歩き・ます、食べ・ます
（希望）			tai	歩き・たい、食べ・たい
（他称希望）			tagaru	歩き・たがる、食べ・たがる
（様態）			souda	歩き・そうだ、食べ・そうだ
（ぞんざい）			yagaru	歩き・やがる、食べ・やがる
連用形(て形連節)	母音語幹　　＋[]	－	te、	見・te、食べ・te、
（子音語幹[s]）	語幹語尾[s]　＋[i]		te、	まわs[i]te、さがして、
（語尾で音便化）	語尾無音化[k/g]　＋[I](い音便)		te/de、	歩[k・i]te、書いて、泳いで、
（語尾で音便化）	促音化[t/r/w]　＋[Q](促音便)		te、	立って、切って、買って、
（語尾で音便化）	撥音化[b/m/n]　＋[N](撥音便)		de、	飛んで、読んで、死んで、
（た形連節）連体化	母音語幹　　＋[]	－	ta	見た、食べた、
（子音語幹[s]）	語幹語尾[s]　＋[i]		ta	回した、探した、貸した、
（語尾で音便化）	語尾無音化[k/g]　＋[I](い音便)		ta/da	歩いた、書いた、泳いだ、
（語尾で音便化）	促音化[t/r/w]　＋[Q](促音便)		ta	立った、切った、買った、
（語尾で音便化）	撥音化[b/m/n]　＋[N](撥音便)		da	飛んだ、読んだ、死んだ、
終止形	動詞語幹　母音なら＋[r]	u	。	歩く。食べ[r]u。
（打消し意思）			mai	歩く・まい、食べる・まい
（伝聞）			souda	歩く・そうだ、食べる・そうだ
（推定）			rasii	歩く・らしい、食べる・らしい
（当然）			bekida	歩く・べきだ、食べる・べきだ
連体形	動詞語幹　母音なら＋[r]	u	、	歩く、食べ[r]u
（比況例示推定）			youda	歩く・ようだ、食べる・ようだ
仮定形	動詞語幹　母音なら＋[r]	eba	、	歩k・eba、食べ[r]eba
命令形	動詞語幹　母音なら＋[r]	e、e/o	、	歩k・e、食べ[r]e/o
意向形	動詞語幹　母音なら＋[y]	oo	、	歩k・oo、食べ[y]oo

★最後に断定の助動詞を載せておきます。

体言助動詞	体言、用言連体形に接続する。	＋活用接辞	＋助動詞	:体言・用言活用＋助動詞接続
（断定）	体言:名詞・形・形名　＋[]	－	da	歩き・だ、静か・だ、映画・だ
（丁寧な断定）	体言:名詞・形・形名　＋[]	－	desu	歩き・です、簡単・です
（文節断定）	動詞語幹　母音なら＋[r]	u	noda	歩く・のだ、食べる・のだ、
（た形連節断定）	（動詞語幹　　－た形活用－	ta/da)	noda	見た・のだ、読んだ・のだ、

・動詞・助動詞活用方程式＝「【動詞語幹＋挿入音素】＋活用接辞＋助動接辞」

助動接辞が加わって４項方程式ですが、実際の文構成では、活用接辞なしで助動接辞だけの場合もある。

・例示した「**動詞活用＋助動詞接続の方程式表**」は内容が多くなったが、基本接続の姿を理解できるように工夫したつもりのものです。
【**動詞語幹＋挿入音素**】一括方式を理解してもらうことができれば、日本語の動詞体系を鳥瞰的に見渡せるだろうと期待する。

【方程式の使い方の工夫】
　　態文法「態の双対環」方式で提案する工夫の一つが
★態動詞生成＝「【動詞語幹＋挿入音素[ ]／[r／s]】＋態接辞」と記述した方法です。
子音語幹を：【aruk[ ]】、母音語幹を：【tabe[r]】のように、最初に「語幹と挿入音素」を一括りで扱うこの方法は、態接辞を統一形態で表せる大きな利点を生み出します。
発話段階で態接辞が一つに決っていれば、言い間違う心配はありません。
★つまり、態接辞の頭に「ら」や「さ」、「れ」が付きませんから、「ら抜き」だ、「さ入れ」だ、「れ足す」だの誤解の根源がないはずです。
○日本語学分野では(ローマ字つづりで音素解析していますが)、旧来の方法から抜け出せず、
　・態動詞生成＝「動詞語幹：子音／母音＋【**挿入音素：[ ]／[r／s]＋態接辞**】」
のままです。
　(音素解析で語幹判別が可能になったことに満足しているだけ?)
これでは、語幹形態２種と挿入音素付き態形態２種の最適組合せを常に発話者に委ねることになってしまいます。(「さ入れ」、「れ足す」の混乱の元を残しています)
○日本語教育の分野では、方程式の中身を一括した全体構文として教える、覚える方法です。
　・態動詞生成＝「【動詞語幹：子音／母音＋挿入音素：[ ]／[r／s]＋態接辞】」
ですから、要素の組合せを意識しないで済むとしても、上級段階では整理して覚えてほしいですね。

２．２【態の区分を考える】

【態の旧式区分】：寺村秀夫：『日本語のシンタクスと意味-１』（本居春庭流）
　寺村本の第３章 態:最後部に「本居春庭の動詞表現機能分担」の図表がある。
おさらいしておこう。
春庭の動詞類別は、動作が向かう方向、対向する関係性を基に区分している。
①みずから為す動作：自律動作→自動詞、他動詞。（動詞自体で能動態を表す）
②おのずから成る動作：自発・可能動作→自発態、可能態動詞。
③他から為される動作：他律?動作、受身動作→受動態動詞。
④他に為さす動作：律他動作→強制態動詞、使役態動詞。

- （寺村・態の枠付け）：受動(直接・間接)-自発・可能-自動詞・他動詞-使役(・強制)：のように、春庭の類別を図表の態に引き当てている。
  （春庭の時代、「態」の術語がなかっただろうが、態の概念はあったのだ）
- 寺村本では、文法的態と単語的態を境界区分しがたいと言いつつ、同一とも言えずにいる。また、「受動-可能-自・他動詞-使役」を直線状に並ぶものとの見方しか記述していない。

【態の新式区分】：「態の双対環」文法では、
動詞の「**自律動作／律他動作**」の区別と「**能動性／所動性**」に重きをおく。
「本居春庭の動詞類別」の独創的な視点に、「能動／所動」と「態の類別：対物・対人・対事」関係を考慮したのか、定かではないのだろうと推測する。
★新しい態文法「態の双対環」で、春庭・寺村風の動詞類別に習って書けば、
　結果態と強制態、使役態の動詞が増えるだけに見えますが、
①みずから為す動作：**自律動作**→自動詞、他動詞。
　（動詞自体で能動態を表す：**能動性**）
②おのずから成る動作：自発・可能動作、状態→自発態、可能態動詞。
　（：**所動性**）
③為されたる動作結果を表す：→結果態動詞。（：**所動性**）
④為されたる動作結果を述べる：→受身、実績の動作→受動態動詞。
　（：**所動性**）

⑤他に為さす動作：律他動作→強制態動詞。（：能動性）
⑥他に為さす動作：律他動作→使役態動詞。（：能動性）
この箇条書きが意味するところを説明します。
★「態の新式区分」は、広くて大きい「態の区分／態の双対」を見通しています。図表では、前節【態動詞生成の方程式】の表で示したように、
能動系、強制系、使役系の「３種の態の区分」×「４つの態で作る双対環」を想定している。

日本語動詞：態の区分と動作方向性　（「態の双対環」方式による説明）

能動系区分	挿入音素[]	態接辞	能動／所動	態動詞の生成例
能動原形態	[]／・[r]	u	**能動・自律**	歩く、食べる
可能態	[]／・[r]	eru	所動	歩ける、食べれる
結果態	[]／・[r]	aru	所動	歩かる、食べらる
受動態	[]／・[r]	areru	所動	歩かれる、食べられる

強制系区分	挿入音素[]	態接辞	能動／所動	態動詞の生成例
強制原形態	[]／・[s]	asu	**能動・律他**	歩かす、食べさす
強制可能態	[]／・[s]	as・eru	**介助・律他**	歩かせる、食べさせる
強制結果態	[]／・[s]	as・aru	所動	歩かさる、食べささる
強制受動態	[]／・[s]	as・areru	所動	歩かされる、食べさされる

使役系区分	挿入音素[]	態接辞	能動／所動	態動詞の生成例
使役原形態	[]／・[s]	aseru	**介助・律他**	歩かせる、食べさせる
使役可能態	[]／・[s]	aser・eru	所動	歩かせれる、食べさせれる
使役結果態	[]／・[s]	aser・aru	所動	歩かせらる、食べさせらる
使役受動態	[]／・[s]	aser・areru	所動	歩かせられる、食べさせられる

注：3組の態区分(能動系、強制系、使役系)各系4態があり、原形態が能動性を持つ。
　★原形態以外の各態は所動性が優勢。　★強制可能態＝使役原形態に相当する。
　★挿入音素：子音語幹[]なし／母音語幹・[r]付加(自律動作の標識)、
　→強制、使役系では母音語幹・[s]に交替(s：他を律する動作の標識)。

★「態の双対環」で提唱する「態の区分」は、３系×４態＝１２態動詞の広がりです。
○能動系 態区分：①能動態－②可能態－③結果態－④受動態。
○強制系 態区分：①強制態－②強制可能態－③強制結果態－④強制受動態。
○使役系 態区分：①使役態－②使役可能態－③使役結果態－④使役受動態。

3系の態が相似的な構造になっています。態の並び方が一直線でないことを示します。
上表では動詞例に「歩く」「食べる」をあげて、語幹＋挿入音素＋態接辞で態生成することを簡略説明すると同時に、「原形態のみが動作の能動性を表している」、「それ以外の各系可能態、結果態、受動態などは、動作性よりも所動性を表す」ことを表示したもの。
★②可能態は、自他交替で「動作の直接交替を表し能動性を保つ」場合と、「自発の変化状態、動作可能の意思状態の表明:所動性」になる場合がある。
・自他交替でない「可能態」動詞は能動性が弱まり「動作意図としての可能性を表出」するだけになります。所動性を帯びた可能態「行ける」を能動的な動詞と勘違いして「行け・r・える」と二重可能態にする誤用例も多い。
★③結果態、④受動態は「動作の対向関係を表すのでなく」、「動作結果と向き合う視点での表現:所動性」の動詞です。
　③結果態、④受動態は動作の方向を強調すると受身表現に偏ってしまう。
　あえて方向性を除外して考えると、日本語の受動態構文で主語になるのが、動作主でも被動作主でもよいという文法則に近づきます。
　「動作結果」を動作主体が、または被動作主体が、あるいは第三者が取り上げて発話できる動詞態なのです。
自動詞でも他動詞でも使役動詞でも受動態で動作結果を語れるのが、日本語の特長です。西欧語の受動態概念より、はるかに広い意味合いに対応する視点を持っている。
（三上章文法の「能動詞/所動詞」論は、広範囲に態を扱うには必須の文法ですね）

【能動詞と所動詞】：三上章文法を借用する
〇能動詞：動作、行為の動きを描写、陳述できる動詞のこと。
〇所動詞：意図、感情、事象の状態、性質を描写、陳述できる動詞のこと。
この判定方法で生成した態動詞を常に確認しながら発話に心がけると素晴らしい文になるでしょうね。三上章自身は後年、所動詞論を言わなくなったそうですが、どうやら、所動詞の数が予想以上に多いことにおそれをなしたのかもしれません。

だから、能動詞とか所動詞とかではなく、性質を表す「能動性／所動性」を考える。
○「態の双対環」方式では、態に対して能動／所動の判定に次の２つを提起する。
（１）通常、各系の原形態：⓪能動態、①強制態、①使役態のみが、その動詞の能動性を持っている。（逆の表現で、能動性を持つ動詞が①原形態になれる）
（２）通常、各系の②可能態、③結果態、④受動態は、その動詞自身の能動性を表現するのではなく、動作の「意図の状態や変化の状態・性質、結果の状態」を表現するもの。

判定の精度は１００％ではないが、３系×４態＝１２態のうち、原形態が３～４つ、それ以外の８～９個の態動詞は所動性が強い動詞だというわけですから、所動性動詞の割合が多いのです。そのことは記憶に留めてほしい。

【所動性の態を二重態生成してはダメです】

・「状態や性質を表す動詞：所動詞性」を帯びる②可能態、③結果態、④受動態は、二重可能態や二重受動態などを生成すると、意味不明の動詞になります。

【誤用例】「行けれる」：行k・er・e[r]u: は二重可能態だからダメです。

・つい先日、テレビ放送で取材応答する４０代男性が「～行けられたので、よかった」と発言したのを耳にしてびっくりしました。

★「行ける」動詞に対して、少しでも「可能表現のにおい」を感じたら、可能態動詞ですから、さらに①原形態扱いして可能態に変身させてはダメなのです。

・すべての可能動詞（態接辞付属型）は本質的に可能態動詞ですから、「原形態あつかい」して二重態活用させるのはご法度です。

特に「行く」は他動詞へ交替しませんから、「行ける」が可能を表す動詞であると分かりやすいはずなのに、誤用が多い。しかも折目正しく「行けられた」には、「よくぞ、行かれましたねえ」と返すしかありません。

　態動詞の誤用をなくすために、「態の双対環」では「所動性」に注目することを勧める。どんな動詞も能動性と所動性を含むから、両方の兼合いを測りながら言語運用できたらいいですね。

もう一つ重要な概念を「態の区分」では記述しておきたい。
【「r→s」交替と自律動作/律他動作の鏡像関係】
　第3章3.2節に一例を古語辞典から引いたが、辞典では「r→s」交替を気づいていないが、動詞語尾の「る」と「す」の対比を説明している。
（自発を強調するので現代には適さないが）
〇「態の新式区分」としては、自他交替や態接辞に付加される「r」と「s」に対して次のように概念化する。
・「r」：**自律動作を表す。**自発、自動詞、他動詞など自律的な動作をする。
・「s」：**律他動作を表す。**他を律する、他者に動作させる、他に任せる動作をする。

「態の区分」で言えば、
「r」の範疇は「能動系・双対環」であり、「s」の範疇は「強制系、使役系の双対環」に相当する。
自身でする動作か、他にさせる動作かの区別が重要であり、自動詞・他動詞にこだわらない。「r→s」交替とは、自律動作と律他動作の交替を意味する。
★「r←・→s」交替が「自律←・→律他の入れ替わり」となる実例を示す。
例：子音語幹動詞・歩くの場合：結果態←・→強制態、受動態←・→使役態。
　・歩かる：歩k[ ]a(r←・→s)u：歩かす　：aru/asu接辞内での(r/s)交替。
　・歩かれる：歩k[ ]a(r←・→s)eru：歩かせる：同じく接辞内での(r/s)交替。
例：母音語幹動詞・食べるの場合：結果態←・→強制態、受動態←・→使役態。
　・食べらる：食べ[r←・→s]a(r←・→s)u：食べさす　：挿入音素[r/s]と接辞内(r/s)交替の2回あり。
　・食べられる：食べ[r←・→s]a(r←・→s)eru：食べさせる：挿入音素[r/s]と接辞内(r/s)交替の2回あり。
この「入れ替わり」はすべての動詞で成立つと思われるので、明文化した文法則にすることができる。
〇もちろん、最初から結果態接辞：aru、と強制態接辞：asu、が(r/s)交替の関係にあると説明しておけば済むことだが、誰も明言していなかった。
（[r←・→s]交替と(r←・→s)交替の意味差はあるとしても、結局は「r/s」自律・律他の交替に帰することでしょう）

2．3【態接辞の種類と意味を考える】
2．3．1【態接辞の種類】
　態接辞は文語体時代から次の3つを基本にしていた。
　（態接辞が動詞生成したときの[挿入音素]を念のため付けて示した）
（1）**可能態接辞**：e[r]u（「える」）：江戸期から可能用法に使われた。
（2）**結果態接辞**：ar[]u（「ある」）：文語体受動接辞、
（3）**強制態接辞**：as[]u（「あす」）：文語体使役接辞、
これらは自他交替機能接辞からの再利用で、文語体から引き続き。
　現代口語体の態接辞としては、次の2つの合成接辞を加える。
（4）**受動態接辞**：are[r]u（「あれる」）：結果＋可能の合成接辞、
（5）**使役態接辞**：ase[r]u（「あせる」）：強制＋可能の合成接辞、
　（文語体の使役表現は多いが、自他交替や態動詞を作る接辞は3つだけ。
　あとは助動詞の機能を受けるものも多かった）
学校文法では、口語体で合成した態接辞だけを口語体「態の接辞」と明示しています。しかし、すでに動詞単語のなかに「aru」、「asu」の形で組み込まれているので、自然と現代でも生きています。やはり結果態、強制態として把握できるように工夫したい。

★「態の双対環」では、前段の【動詞語幹＋挿入音素】操作で、子音・母音語幹の差が補間されるので、態接辞はいつも共通形態です。
　能動系接辞を並べて、「う」－「える」－「ある」－「あれる」と暗唱できます。
★結果態：「ある」、強制態：「あす」は、自他交替接辞としてすでに現用の動詞語彙に大量に含まれている接辞ですから、態文法の説明から簡単に除外してはいけません。
★また、結果態：「aru」→強制態：「asu」の成り立ちも、「r／s」使役交替により、「a(r)」→「a(s)」となった可能性を欲目で考えたりしています。
いずれにしろ、文法則のなかに残しておくべき接辞です。
○「r／s」交替を起こす部位には、
①態接辞の内部：結果態「a(r)u」→強制態「a(s)u」、使役態「a(s)eru」での交替。
②母音語幹での挿入音素：「[r]→[s]」交替。②の交替は①交替とともに起

きる。
どちらの「s」音素も、「する」動詞の単音語幹音の「s」が使われたものでしょう。

2.3.2【態接辞の意味】
　まず、文語体から引き継いだ接辞：可能態、結果態、強制態について考察する。
（1）可能態接辞：e[r]u（「える」）：意味に3通りあり。
　説明しにくい態なのだが、**動作の対象が入れ替る点に注目したい**。
なるべく共通動詞：「〜をなす、なせる」を使って説明する。
①原動詞（自動詞／他動詞）の動作主体・対象を自分・動作主と他者、他物と入れ替えて、「〜をなす、なせる」で自他交替の動詞が作れる。
　　（以下、対象を対自（・対主）、対他、対物で示す）
　　（例：自他交替：「立つ」を（対物に）なす→（柱を）「立てる」、「折る」を（対物が）なす→（バットが）「折れる」、など）
　　※強制：「立たす、折らす」ではない。
②原動詞（自動詞／他動詞）の動作主体を「対自・対主」に限定して適用すると、みずから「〜をなせる」：可能を表現する動詞が作れる。（自他は不変）
　　（例：個別可能：「立つ」を（対自が）なせる→（幼児が）「立てる」、「折る」を（対自が）なせる→（彼なら）「折れる」、など）
③原動詞（自動詞／他動詞）の動作主体を「対自・対主」に限定して適用すると、みずから「〜をなせる」：自発、意図のよわい変化、文語→口語変化の動詞になる。
　　（例：口語変化：流る→「流れる」、離る→「離れる」、倒る→「倒れる」、など）

★**可能態の本来の可能の意味**：
原動詞に対し「意思、意図として行動可能だ」と能力、性能状態を述べること。

通常、意思動詞で「個人の、一回限りの動作可能」を表現する態である。
（可能態は「個の可能」、受動態の可能は「多・複の可能」と覚えたい）

【例1】立 t[]u：自→立 te[r]u：他・対物／自・可能。
　　建 te[r]u：他→建 te[r]e[r]u：他・可能。
→可能態接辞:eru の自他交替機能は、自→他、他→自の２面あり。
　「〜をなす」：自律動作で「なる」ように「する」：「na[r→s]u」＝なす、の意味。
・自律自動詞の動作を「他物に対して同じ状態にならせる」他動詞化。
　（例：並ぶ→並べる、育つ→育てる、痛む→痛める、浮ぶ→浮べる）
・自律他動詞の動作が「対物に自然発生的に起きる」自発態化。
　（例：取る→とれる、切る→切れる、焼く→焼ける、折る→折れる）
→可能態接辞:eru の可能機能は、自他交替と併存する場合と可能だけの場合がある。
・自他交替と可能が併存する場合：
　（例：立てる：交替・他／自・可能、並べる：交替・他／自・可能、）
　（例：取れる：交替・自発／他・可能、折れる：交替・自発／他・可能、）
・可能態が可能だけの場合：
　（例：行ける：無対自・可能、読める：無対他・可能、食べれる：無対他・可能、来れる：無対自・可能、開けれる：有対他・可能、並べれる：有対他・可能、変えれる：有対他・可能、下げれる：有対他・可能、、、）

★可能態接辞:e[r]u（「える」）＝母音語幹・e＋挿入音素[r]＋原形音 u。
○「eru」に固有の意味がないのは、上記のような音素合成でできているからです。
古語時代から子音語幹動詞は五段活用で安定だが、自他交替のために語形変化した動詞では、三段活用→二段活用→一段活用と変遷し江戸期になって、ようやく今の形態の母音語幹動詞に辿り着いたようです。
　「上一段の語尾形：i[r]u、下一段の語尾形：e[r]u」が母音語幹の語尾形です。
○「態接辞」とみるか、「動詞活用形」とみるかで判断に迷う遠因がここにある。現代口語では、已然形を認めていないので、「可能態」とみなす必要がある。
・自他交替接辞の組み合せとして、自動詞：上(ag・aru)／他動詞：上(ag・eru)

の(aru/eru)対向の数が多いので汎用性の高い態接辞であるのは間違いない。

（２）結果態接辞：ar[]u（「ある」）：文語体受動態、現代でも重要な接辞。
　自他交替機能も態機能も「動作結果が在る、有る、ある」の意味を表す。
　自動詞的になる性状表現機能で「〜になる、〜がある状態になる、
　　動作実績が有る、動作結果を有する・受ける、」などを意味する。
【例２】集 tum[]e[r]u:他→集 tum[]ar[]u:自・動作結果/事象・結果状態。
・「集める」動作をして、結果として「集まる」状況になる。
　　もちろん、「集まる」途中の動作を含んだ動作動詞と解釈してもよい。
・「休める」、「つかむ」→「休まる」、「つかまる」も動作結果の状態だけではなく、「つかんで、安定させる」自律動作を含んだ動詞と解釈してもよい。
・動作動詞と解釈して「休まれる」「つかまれる」と言えるが、受動態と同形になるから、可能表現だけだと思い込んでいては誤解の元になる。
　　（例外的:つかまる→つかまられる:若いママがスカートのすそを幼児に〜）
・同じ受動態でも「つかまれる」←「つかむ」原形態、「つかまられる」←「つかまる」原形態、との違いがある。
これを解説するには「態の双対環」を使うのが一番納得しやすいだろう。

（３）強制態接辞：as[]u（「あす」）：文語体使役態、現代でも重要な接辞。
①自他交替機能：他を律する動作をする。（態機能も同じ）
・対他が物なら自律他動詞、対物他動詞。
・対他が有情・人ならば強制動詞。
②態機能：強制態：相手に対しての強制動作を表す。
　（強制、許容、許可、放任も含む）
【例３】動 k[]u:自→動 k[]as[]u:他・対物対人。
　　食べ[r]u:他→食べ[r→s]as[]u:他・対物、・対人強制許容。
　　挿入音素[r]が強制・使役系に替わるとき、挿入音素[s]に交替するのは、
・動詞原形の語尾「る:r」が自律動作を示唆するもに対して、
・他を律する動作、強制動作は「する」動詞の強制態:「さす:S[]asu」を連結させて作り出す。

★「食べ・さす」:二語連結の方程式は「【第1母音語幹＋第2語幹:S＋挿入音素[]】＋態接辞:asu」で表される。
　つまり、「食べ・S[]asu」の形態なのだろう。便宜上、[r→s]交替として挿入音素の入れ換えを想定したが、語幹の連結で挿入音素が不要になったと解釈するのも合理性がある。
・自律動作を優先する例:「蒸す」動詞は対人強制をさけるため、意図的に「蒸s[]asu」ではなく、「蒸[r]asu」と対物他動詞化している。
　これも「r／s」交替の意識だ。
・「休ます」:子音語幹の強制態は「休m[]asu」の形態だから、第2語幹を使わずに態接辞を直接接続できる。

　次に(4)、(5)の意味について説明します。
(4)受動態接辞:are[r]u(「あれる」):
　口語文法での受動態接辞。結果態の口語版(結果＋可能の側面あり)
受動態接辞:「あれる」:動作結果が「在る、有る、ある、あり得る」を意味する。
動作の結果を「ある、あれる」と描写するが、**自由時制なので未来の動作結果も推測描写できる。**
★動作、行為を「発話の場」に居合せた当事者達がそれぞれの視点で描写する。動作を客観抽象化して多面的に表現する。
①動作主主語の受動態:自己の自律動作の完了・実績を描写。
　動作結果が有る→結果可能、実績可能、経験実績、(動詞＋have:完了形)。
②被動作者主語の受動態:他者の自律動作の結果が自己に及ぶを描写。
　動作結果が在る→受身(直接・間接)、(動詞＋be:受身形)。
③事態主語の受動態:事態が起きた状態を描写。
　動作結果、状態がある→自発、(動詞＋在る:自発)
④他者発話による動作主主語の受動態:行為、動作があることを敬って描写。
　動作主動作(結果)を敬意描写→尊敬、(動作＋あらす:尊敬)
★当たり前すぎて、言い忘れそうです。
〇受動態は、「動作（の結果）がある」ことを表現する動詞ですから、自動詞で

も他動詞でも生成できる。強制動詞、使役動詞も「態の双対環」を作れる。
○受動態は「繰り返しの、多人数の、動作結果を総じて」表現できる。
○受動態構文の主語・主体には、①、②、③、④のように場面に登場する人・物の誰でもが該当する。（⑤目的語が主語になっても構わない）
○受動態は、「動作、行為が存在する」ことを(多方向・客観的に)述べる動詞であり、「迷惑の受身」や「喜怒哀楽の情動表現」だけにこだわる必要はないです。(受動態構文に後続して迷惑・情動を吐露する文節が作りやすいと言えますが)

【例4】考 e[r]u→考 e[r]are[r]u:
　考える結果物が有る、考える実績物が有る。
　　【比較】考 e[r]e[r]u：考えれる：無意味な描写。頭脳の動作は年中無休。
　　　結果物限定で発話すべき。
・もどるの受動態→もど r[]are[r]u：もどる結果有り、実績あり、戻るを完了した。
　　【比較】可能態：もど r[]e[r]u：動作意図で可能を言う。
　　　・もど r[]e[]ない：動作を起せない。
受動態の打消し→もど r[]are[]ない：動作の努力をしても結果に到達できない人為を超えた不可能を描写する。
(多数の日本語母語者は可能態と受動態実績可能表現を区別し使い分けている)

(5)使役態接辞：ase[r]u(「あせる」)：
　口語文法での使役態接辞。(強制可能態と同形態)。
　使役態接辞：「あせる」の意味：他に動作をさせる動詞を生成する。
【例5】使 w[]as[]u→使 w[]as[]e[r]u:
　　強制可能態が口語体の使役態へ使われるようになった。
　　(強制態と使役態の使い分けは第3章に解説します)
・強制系「立たす」→「立たされる」、使役系「立たせる」→「立たせられる」
　　現在でも強制系と使役系の動詞は併用されているが、学校文法では使役系を

進める立場のようだ。

併用を支持する立場からすると、可能態と受動態の場合と同様に、併存させることと意味の差を明確にすることを同時にやるべきだろう。

- 強制接辞:「あす:asu」は、対他物、対他人に動作を強制するが、特に対人には、その人の自律動作性に任す(結果は求めるが)強制意図である。
- **使役接辞:「あせる:aseru」は、ほぼ強制と同じだが、対他の強制自律動作を(仲介、もしくは手を貸すような)忖度しての強制意図である。**

  (個人的な語感差だが、以下の単語例からの類推もある)
- 見る→mi[]seru、着る→ki[]seru、乗る→no[]seru、寝る→ne[]seru:など、意味深長で相手と自分との共同の動作を想定。
- 「任す:放任的→任せる:分担的」。「立たす:規律的→立たせる:指導・介助的」。
- 「だます:思惑悪用→だまかす:周到誘導」。「寝さす:許可的→寝かす:睡眠誘導」。

○だまかす、寝かす、笑かす:「〜[k]asu」では、意識的に挿入音素[k]を付加して強制態にしたもの。

[r]:自律性、[s]:他が自律性発揮を意味する音素と見なすので、自律性を忖度しない表現のために[k]が意識されたと思う。

- だまされる→「だまかされる」のほうが、自律意識なくだまかされたという言訳がしやすい。

以上、態構文(主語は何か)と態接辞の意味を要約して示す。

○原動詞に対して、態接辞が付加する動詞性意味を一覧する。

略号:構文主体となるもの:動作主→動、対象物→物、対象者→他、事象→事、

- 原形態(u):「〜をする」

  ①(動)原動詞:そのままを実行する。
- 可能態(e[r]u):「〜をなす、なせる」←「なるようにする」←「na[r→s]u」

  ①(動・対物)他動詞化交替:例:立てる、開ける、並べる、続ける、

  ①(動・物)自動詞化交替:例:出る、逃げる、枯れる、切れる、割れる、

②(動・物)意思可能：例：立てる、開けれる、行ける、見れる、食べれる、

③(動・対自)自発、口語変化、「s→r」交替含む：例：倒[s→r]eru、汚れる、離れる、

- 結果態(ar[]u)：「〜がある・在る・有る」

    ①(動)動作結果：例：助かる、休まる、戻らる、

    ②(他・物)受身表現：例：立たる、打たる、呼ばる、

    ③(事)結果状態：例：おこなわる、決定さる、始まる、おわる、

    ④(他発話・対動)尊敬：例：話さる、なさる、なはる、

- 強制態(as[]u)：「〜をさす」←「s[]asu」

    ①(動・対物)他動詞化交替・原動詞を他に加える：例：動かす、のばす、遅らす、

    ②(動・対他)強制化交替・原動詞を他にさす：例：読ます、書かす、開け[r→s]asu、食べ[r→s]asu、

- 受動態(ar・e[r]u)：「〜があれる、在れる、有れる」

    ①(動)結果・実績可能：例：起きられる、行かれる、食べられる、出られる、

    ②(他・物)受身表現：例：盗まれる、踏まれる、呼ばれる、立たれる、立てられる、

    ③(事)結果状態：例：完成される、行われる、

    ④(他発話・対動)尊敬：例：話される、休まれる、読まれる、思われる、

- 使役態(as・e[r]u)：「〜をさせる」

    ①(動・対他)使役化交替・原動詞を他にさせる：例：読ませる、書かせる、開け[r→s]ase[r]u、食べ[r→s]ase[r]u、

2．4【「態の双対環」を考える】

【態の双対】とは、
　対抗関係にある態の組が２つ、存在するということ。
①**能動態**←・→**受動態**の対向関係が１つ、：動作方向性に対向関係がある。
②**結果態**←・→**可能態**の対向関係が２つ目：動作や状態変化の開始・結果の対向関係。
・①能動態と受動態の対向関係には異論ないでしょうが、日本語の受動態には多くの意味があり、動作方向の対向性は主に受身表現で感じるものです。
（それ以外、可能・尊敬表現では方向性による対向関係を感じない。本質的に受身も動作方向性に注目するのではなく、動作結果の在り場所・状態に注目することか）
・②結果態と可能態の対向性には「動作方向性」でなく、「動作の性質・状態：所動性」に対向要素があります。

【双対環】とは、
態の双対：①能動態と受動態の対向軸を縦に配置し、②結果態と可能態の対向軸を横に配置・組み合わせると、円周上に態動詞４つが並ぶという図柄を想定したものです。

【態の双対環の構造図】：基本概念図
能動系「双対環」、強制系「双対環」、使役系「双対環」を示す。相似的な構造を持つ。
「双対環」の真上には、能動性のある自律動詞、または、他を律する強制動詞、使役動詞を置きます。
「態の双対環」の概念は、２．２節：態の区分で記述した（本居春庭の動詞表現機能分担）図表が意図している「態の区分」を新しく構成し直したものです。
例：①能動系「双対環」の読み方は（動作の流れに相当している）、
　・能動態（原形態）→可能態→結果態→受動態　の順番が最適です。
②強制系「双対環」、③使役系「双対環」も同様の読み上げ順番がよい。
○本居春庭の動詞表現機能の根源には、能動動詞（自動詞、他動詞）の働き方と、別範疇ながら強制・使役動詞の働き方を重ね合わせていると解釈し直して、

「双対環」を3つ相似的に配置したわけです。

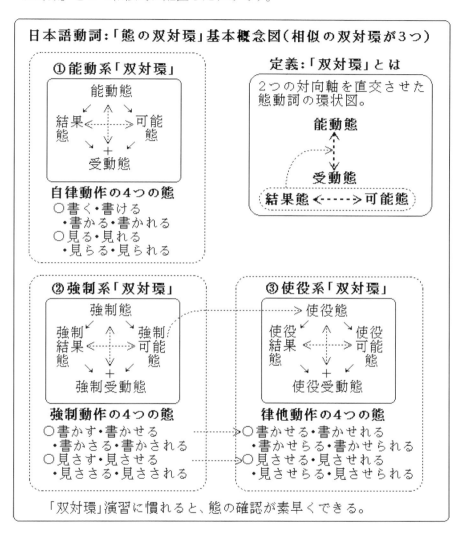

○動詞表現機能の中で、自他交替接辞の機能が重要な表現手段であったし、態の機能としても見落とすわけにいかないのが、可能・結果・強制の機能接辞です。

「態文法・考」は「態の双対環」として、従来見落とされていた「可能・結果・強制」接辞を基本概念に採り入れました。既存の動詞語彙に組み込まれた機能接辞との相性もよくなり、発話のおりには、態の生成も円滑にいくようになる、日本語学習者や教師にも「態の説明」がしやすくなる、と考えたからです。
○もちろん、「態文法・考」の思考実験もやりやすくなりました。深層理解ができるようになりました。

　では、実際に「態動詞を生成」してみましょう。
★【態動詞生成の方程式】に従って、動詞語幹+[挿入音素]を
　確認してください。
・子音語幹+[ ]、母音語幹+[r]が能動系原形です。強制、使役では母音語幹+[s]に交替させる。(挿入音素の[r：自律動作→s：律他動作]交替です)
★真上に自律動詞を置けば、能動系「双対環」になり、
　真上に強制動詞を置けば、強制系「双対環」になり、
　真上に使役動詞を置けば、使役系「双対環」になります。
○対象の動詞が何か分からない場合でも、まず真上に置いて動詞原形・終止形にする。順次、可能態、結果態、受動態の接辞を付加し態動詞４つを「双対環」に置きます。
○完成した「双対環」の４つの態動詞が意味を持ち、それぞれの態解釈ができるなら、真上に置いた動詞が能動性のある「辞書の見出し語になりうる」単語だと分かります。
○強制動詞、使役動詞は「辞書の見出し語に載らない」ので、自律動詞に強制態接辞、使役態接辞を付加して生成することになります。
　（挿入音素のr/s交替を忘れずに）

○初めて「態の双対環」を見た人には、双対環に対して違和感が強いかもしれません。しかし、有対自他動詞をしばらくのあいだに、いくつか思い出したり、口ずさんだりしていると、馴染んでくると思うのです。
・あげる/あがる、つめる/つまる、立つ/立てる、待つ/待たす、など語彙のなかに機能接辞がたくさん詰まっているからです。

(例：休む・子音語幹、食べる・母音語幹で態生成を示す)

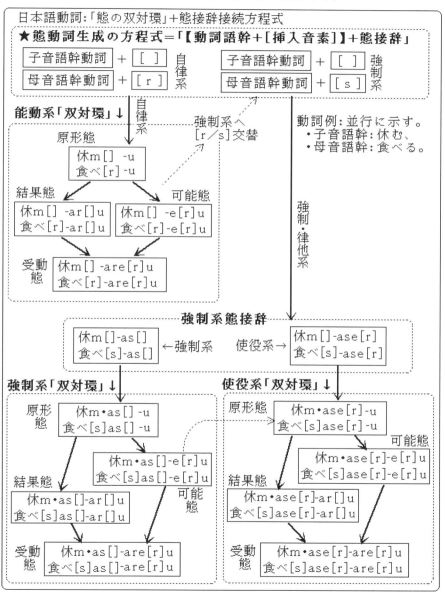

【「態の双対」簡易文字列表記】

　「態の双対環」を図形でなく簡易的に文字列表記で記述する方法は、すでに１．２【無対自・他動詞の使役交替の方法】の例４、例５に例示した。
手早く態動詞を調べたいとき、簡易文字列表記で「双対環」を書き出してみるとよい。
「双対環」を書き出すのは、「態の新式区分」を見渡す操作をしていることに相当する。
では、実際の簡易文字列表記の演習を兼ねて、課題考察してみます。

【例１：子音語幹動詞】：「す」語尾動詞の例：残す。
・能動系：残s[]u/残s・e[r]u/残s・ar[]u/残s・ar・e[r]u。
・強制系：残s・as[]u/残s・as・e[r]u/残s・as・ar[]u/残s・as・ar・e[r]u。
・使役系：残s・ase[r]u/残s・aser・e[r]u/残s・aser・ar[]u
　　　　/残s・aser・ar・e[r]u。
○「す」語尾の受動態：残される/残さされる/残させられる、
　なんだか重苦しい語感です。
★特に、「残される」は受身描写が似合うのだが、自律動作の可能表現には感じにくい。
自律動作の可能表現には、「残せる」が単純明快ですね。可能動詞は「す」語尾動詞を救済するために始まったのではないだろうか。（かも知りません：自律動詞）

【例２：母音語幹動詞】：「せる」語尾動詞の例：見せる。
・能動系：見se[r]u/見ser・e[r]u/見ser・ar[]u/見ser・ar・e[r]u。
・強制系：見se[s]as[]u：(r/s交替)/見ses・as・e[r]u/見ses・as・ar[]u
　　　　/見ses・as・ar・e[r]u。
・使役系：見sesase[r]u/見sesaser・e[r]u/見sesaser・ar[]u
　　　　/見sesaser・ar・e[r]u。
○「せる」語尾には「s」のあとに「r」があるおかげで、受動態：見せられる/見せさされる/見せさせられる、多少ぎくしゃくしますが、受身にも自律可能にも感じられます。

★可能態：見せれる、(使役態化)見せさせる/見せさせれる、も自律的可能表現の語感があります。
(見せさせれる：甲が視るために乙が資料を掲げるように(丙に)させることを主体が為しえる)

このように、態の双対環をきちんと展開していけば、態のすべてを広げて検証することができます。

【「態の双対環」を能動系、強制系、使役系の３本立てにする理由】
「態の双対環」の環状図式にしろ、簡易文字列表記にしろ、
基本「双対環」：(原形態－可能態－結果態－受動態)と想定すれば、
・能動系「双対環」＝能動態×基本「双対環」、
・強制系「双対環」＝強制態×基本「双対環」、
・使役系「双対環」＝使役態×基本「双対環」、と概念化してもよいだろう。
つまり、「双対環」は相似的である。けれども、独立した３本立て「双対環」である。
★３本立ての理由は、いずれの「双対環」でも最も能動性を示す態は原形態であり、他の可能態、結果態、受動態は原形態に対する視点を変えた態表現です。
つまり、一つの「態の双対環」は、それ自身で環状の親和的な閉鎖的な空間を形成している。(態を自在に無意識に変更できる状態)
一方、能動系から使役系「双対環」へ連結させるときには、別空間への飛び移りのような感覚になります。例文をあげて考察しよう。

【例３：「態の双対環」飛び移り】
・「滝に打たれさせられる」→滝が【打つ(行為・状態が我に)有り】、(先達が)それを【させる(計らいの結果が我に)在る】。→滝に【打たれ】、(先達に)【させられる】。
・受動態【打たれ】、使役受動態【させられる】が連結している一語と見てもよいし、

【打たれ】るように、【させられる】ことになったのさ」と二語あつかいにもできる。

「双対環」内での態は、
・能動系：【打つ(行為・状態が我に)在り】→受動態：【打たれ[r→s]】、【打たれ・て】、
・使役系：(先達に)それを【させる(計らいの結果が我に)在る】→使役受動態：【aser・areru】、または【させ[r]areru】という暗黙の文法則が働き、「双対環」内では簡単に態生成で一語化する習慣が身についている。

★あ、ちょうど都合のよい例文でしたね。
・受動態：【打たれ[r→s]】＋使役受動態：【aser・areru】と一語化するのと、
・受動態：【打たれ・(て形連節)】＋使役受動態：【させ[r]areru】という緩やかな二語連結化の方法が次第に統合の方向へ変化して、自律→律他の「r→s」交替で一語化につながったのかもしれません。
○つまり、「双対環」飛び移りの場合、あるいは飛び移りでなく直接強制態、使役態になる場合も、母音語幹動詞は「r/s」交替を生じます。この「r/s」交替には２通りの解釈ができるわけです。
①標準的「r/s」交替：一語的な態生成の解釈。(暗黙的な「r／s」交替)
　打t[]are[r→s]＋ase[r]u、食べ[r→s]＋ase[r]u、見[r→s]＋ase[r]u、など。
②変則的な二語連結で態生成と解釈。(方程式で一語統合を解釈する)
　母音語幹動詞が「さす：S[]asu／させる：S[]aseru」と一語統合するから、
態生成の方程式＝「【「母音語幹＋S 語幹」＋挿入音素[]】＋強制・使役接辞」
と解釈できる。(S語幹は、する動詞の使役形：さす、させるの単音語幹です)
★打t・are(r→S)[]ase[r]u、食べ(r→S)[]ase[r]u、見(r→S)[]ase[r]u、などで表現できる。
　母音語幹の原形語尾「r」を止めて「する」語幹の単音語幹「S」を結合して連結語幹と見なしたわけです。これで強制・使役系の態方程式ができる。
○「す(る)」動詞の強制態：「さす」、使役態：「させる」の連結性能が高いので、いろいろな場面で機能しているわけですね。

本題にもどります。
★【打つ(行為・状態が我に)在り】、【させる(計らいの結果が我に)在る】ともに、
・動詞連体形:打つ、させる、が「在る」を修飾する形式です。何歩か譲って、態が動詞活用の一部だとしても、未然形につながるのではなく、連体形に密結合するのだと理解するほうが合理的です。

【「態の双対環」を広めたい理由】
・態の双対環を使いこなすには、「態の接続方程式」を一読して感得したうえで、たくさんの動詞で双対環を試してほしい。
・日常の会話で態の使い方に疑問が湧いた場合、その動詞を態の双対環にかけて、全部の態を派生させてみると自分自身で正誤が見つけられるはずです。(かもしれませんと言わず)
・あるいは、学習指導の際に、態の双対環を全部の態で書き上げて、正誤を確実に説明して相手が納得しやすくなるはずです。
・「ら抜き言葉」が論理的な動詞単語であるとか、余計な「さ入れ言葉」や「れ足す言葉」は使用警戒すべきだと感じるようになるはずです。

理由を整理し直して箇条書きにする。
① 「態の双対環」を共通の「考える道具」としたい。
　それが態文法を見直す第一歩です。
② 「態生成の方程式」を共通の「判定表記法」としたい。
・「態接辞」そのものを３項方程式で理解してほしい。
　可能態接辞:e[r]u→接辞語幹(e)＋挿入音素[r]＋原形音(u)、
　結果態接辞:ar[ ]u→接辞語幹(ar)＋挿入音素[ ]＋原形音(u)、
　強制態接辞:as[ ]u→接辞語幹(as)＋挿入音素[ ]＋原形音(u)、
　受動態接辞:ar-e[r]u→接辞語幹(ar-e)＋挿入音素[r]＋原形音(u)、
　使役態接辞:as-e[r]u→接辞語幹(as-e)＋挿入音素[r]＋原形音(u)、
※可能強制接辞:e[r→s]as[ ]u→接辞語幹(es-as)＋挿入音素[ ]＋原形音(u)、
※結果強制接辞:ar-as[ ]u→接辞語幹(ar-as)＋挿入音素[ ]＋原形音(u)、

※受動強制接辞：are[r→s]as[ ]u→接辞語幹(ares-as)＋挿入音素[ ]
＋原形音(u)、

使役強制接辞：ase[r→s]as[ ]u→接辞語幹(ases-as)＋挿入音素[ ]
＋原形音(u)、

強制使役接辞：as-ase[r]u→接辞語幹(as-ase)＋挿入音素[r]＋原形音(u)、

・日常の日本語としては、受動使役受動態接辞(3接辞連結)なども使用するのだから、[r→s]交替を含めても「すご技」文法ですね。

(本来、新しい接辞は、最後の原形音(u)の場所に追加するように表記法すべきですが、接合した結果の形態を表記してあります)

③**態の「双対環」で3区分：能動系・強制系・使役系を連携して理解してほしい。**

★前項に※印を付けた接辞合成は、通常事態では起きない事象です。
「双対環」のなかで、動作性・能動性を持っているのは原形態だけで、他の可能態、結果態、受動態は「動作による性状・変化状態」を述べる所動性の動詞です。

所動性が強い可能動詞を二重可能態や可能受動態、可能使役態などに合成してもに意味をなさない。(態の試行錯誤をするにも、「態の双対環」が道具になる)

(三上章文法：能動詞/所動詞の区別：所動詞を受動態にすると意味不明となる)

○「r→s」交替で能動系から強制・使役系へ移行する仕掛けにも感得してほしい。結果接辞：aru が (r→s) 交替して強制接辞：asu となったことを密かに理解しておくだけでも心強い。

・考えらる→考え「r→s」a(r→s)u←考えさす、

・考えられる→考え「r→s」a(r→s)eru←考えさせる、という鏡像関係にある。

第三章
3．態文法を再生する

　前章の「態文法を考える」では、態動詞の生成方程式や態接辞の意味、「態の双対環」の考え方を具体的に述べました。　これで態文法にすっかり疑問がなくなり、すべて丸く収まるならば、めでたし、めでたしです。
しかし、「態の双対環」を思考するなかで出会った問題点は日本語文法の現状課題として厳然と存在します。　それを解決するためにも、東京語を話す人だけでなく京都語、大阪語、九州語などを話す人の感性、語感も加えた多面的な検討が必要ではないかと思います。
○本来なら、「態文法を再生する」と題した章では、再生するための具体的処方箋が提示されるべきでしょう。
「処方の要項」は以前から、おそらく半世紀以上も前から揃っています。
①ローマ字つづり解析による「子音語幹/母音語幹の識別法」：語幹が決った。
②佐久間鼎：「自/他動詞の交替接辞の対応図式」：態接辞が決った。
③態動詞生成の３項方程式：「動詞語幹＋挿入音素＋態接辞」の扱い方。
さあ、残るは「挿入音素」の扱い方です。動詞活用の方程式、助動詞接続方程式にも効果があります。（学校文法の改築を始める突破口になるでしょう）
○「【動詞語幹＋挿入音素】＋機能接辞」が定着することなしに態文法の安定はないだろう。

　この章では、態文法を考える途中でしばしば感じた日本語の現状課題について記述します。（動詞活用の全体ではなく、態動詞の生成、意味解釈、使い方の課題です）
４つの問題のうち、
３．１【強制態と使役態を使い分ける】、３．２【結果態と強制態を再評価する】、
３．３【受動態の深層意味はひとつ】、３．４【可能態と受動態は住み分けて】、
前半２つは「態の形態」そのものに関わるので、手強い問題です。
後半２つは態文法「態の双対環」で思考してきた問題ですから、態の意味・解釈として記述・再現します。　「態の意味・解釈を初期化し、新設定する」つも

りで読んでください。

　この章の導入を兼ねて、一つだけ課題を整理しておきたい。
それは、二重可能態の誤用に関する説明の整理です。
(使役態は強制可能態と同一形態ですから、使役可能態は強制可能・可能態に相当します。使役態が律他能動性の強い動詞なので、使役可能態に変換しても問題なく所動性の動詞として使えます。それでも、「3.1　強制態と使役態の使い分け」で考慮したいことがある)
【二重可能態を誤用であるとする理由】：動詞例で感得してください。
「態の双対環」と「て形連節化」して使用例を調べる。
○可能系とは、可能態動詞を能動原形態(普通の動作動詞)に仮定して「双対環」
　活用させたもの。活用した動詞では意味が成り立たないことを確認してほしい。
【例1：子音語幹：行くの場合】
能動系: 行く/行ける/行かる/行かれる
　て連節:行って/行けて/?行かって/行かれて
可能系: 行ける/?行けれる/?行けらる/?行けられる
　て連節:行けて/?行けれて/?行けらって/?行けられて
強制系: 行かす/行かせる/行かさる/行かされる
　て連節:行かして/行かせて/行かさって/行かされて
使役系: 行かせる/行かせれる/行かせらる/行かせられる
　て連節:行かせて/行かせれて/行かせらって/行かせられて

【例2：子音語幹：読むの場合】
能動系: 読む/読める/読まる/読まれる
　て連節:読んで/読めて/?読まって/読まれて
可能系: 読める/?読めれる/?読めらる/?読められる
　て連節:読めて/?読めれて/?読めらって/?読められて
強制系: 読ます/読ませる/読まさる/読まされる
　て連節:読まして/読ませて/読まさって/読まされて
使役系: 読ませる/読ませれる/読ませらる/読ませられる

て連節：読ませて/読ませれて/?読ませらって/読ませられて

【例3：母音語幹：食べるの場合】

能動系： 食べる/食べれる/食べらる/食べられる
　て連節：食べて/食べれて/?食べらって/食べられて
可能系： 食べれる/?食べれれる/?食べれらる/?食べれられる
　て連節：食べれて/?食べれれて/?食べれらって/?食べれられて
強制系： 食べさす/食べさせる/食べささる/食べさされる
　て連節：食べさして/食べさせて/?食べささって/食べさされて
使役系： 食べさせる/食べさせれる/食べさせらる/食べさせられる
　て連節：食べさせて/食べさせれて/?食べさせらって/食べさせられて

【例4：母音語幹：忘れるの場合】

能動系： 忘れる/忘れれる/忘れらる/忘れられる
　て連節：忘れて/忘れれて/?忘れらって/忘れられて
可能系： 忘れれる/?忘れれれる/?忘れれらる/?忘れれられる
　て連節：忘れれて/?忘れれれて/?忘れれらって/?忘れれられて
強制系： 忘れさす/忘れさせる/忘れささる/忘れさされる
　て連節：忘れさして/忘れさせて/?忘れささって/忘れさされて
使役系： 忘れさせる/忘れさせれる/忘れさせらる/忘れさせられる
　て連節：忘れさせて/忘れさせれて/?忘れさせらって/忘れさせられて

以上のように、可能態は所動性が強い(動作性が弱い)表現なので、二重可能態になるような使い方をしないこと、誤用を感じとれるようになってほしい。(二重可能態を抑止する意味で、母音語幹動詞の可能態を認めなかったのかも)

3．1【強制態と使役態を使い分ける】

　2種類の律他動作の機能接辞が日本語の中で生きています。
①強制態接辞：as[]u：「あす」←文語体での使役接辞ですが、自他交替接辞と

しても現役で機能しています。
②使役態接辞：ase[r]u：「あせる」←口語体の使役接辞です。
　この接辞の構造は、as+e[r]u：「強制態＋可能態」接辞による合成接辞です。

強制態接辞は、日常の動詞単語の中にも使われていますし、使い方も慣れ親しんでいます。
【例１】「す」語尾の動詞のあつかい：他動詞と使役態動詞を峻別できるか？
　動く：自→動かす：他動詞：ugok・as[]u という合成方法も感得しながら発話できる。
・強制系「態の双対環」：動かす/動かせる/動かさる/動かされる、
　動かせる：は強制可能態、他動詞の可能態でもあり、
？使役態：動k・ase[r]u とも考えられます。（だいぶ使役性は感じられないが）
○さて、根源にもどり考え直します。
動詞単独で「うごかせる：動かせる」と「はたらかせる：働かせる」を比べた場合、使役動詞だという感覚は断然に人偏付きの「働かせる」のほうが強いと感じます。
・「動かせる」→通常、自分が動く概念がつよくて、他人を動かす感覚がよわい。
・「働かせる」→通常、組織で働く概念がつよくて、他人を働かす感覚もある。
このように、態の形態が同じでも動詞ごとに発話の印象は大きく左右される。「働かせる」は使役表現に感じて、「働かせれる」はその可能表現に感じるでしょう。

【例２】「す」語尾の動詞のあつかい：他動詞と使役態動詞を峻別できるか？
　（『曲がり角の日本語』水谷静夫：岩波新書：2011年4月20日第一刷の読書感想）
○司馬遼太郎『坂の上の雲』第2巻225頁：(誤用例というが)
・受身の形についての誤用例との指摘が記述されてある。（が疑問を感じる）
―＜水谷本引用はじめ：例は司馬遼太郎『坂の上の雲』第2巻225頁の引用文＞

例： 日本でいう黄海海戦のことを、世界では鴨緑江海戦と称されていた。
水谷本地文：「称される」という受身は、私は「称せられる」であって、「称される」は使いません。この場合「世界では称していた」と言うべきでしょう。受身にする必要は何もないんです。
―＜水谷本引用おわり：省略部分あり＞
○辞書編纂者でもある水谷静夫は、むずかしい「称せられる」を説明なしに推奨したので、「態の双対環」で考察してみたのでした。
①称す(る)／称せる／称さる／称される：司馬受動態。
②称せる／称せれる／称せらる／称せられる：水谷受動態。（口語的に感じられない）
--水谷本は結局、受動態でなく、他動詞のまま：「称して：連用形」でよいという。
本来、順を追って説明すべきところです。
(称する、勉強する、考察する、など漢字名詞の動詞化なのです)
丁寧に「態の双対環」で態を生成すると、
・能動系他動詞：す(る)／せる／さる／される。
・何系?ですか：せる／せれる／せらる／せられる。
 　（この系：勉強せる、考察せる、という接続では窮屈すぎる。旧さ変活用）
(水谷受動態の根源は、せる：「se[r]u」からだが、現代に一般化できない)
・強制系他動詞：さす／させる／ささる／さされる。（漢語動詞＋さす、一般化できる）
・使役系他動詞：させる／させれる／させらる／させられる。（漢語動詞＋させる、一般化できる）
★「せる」は自他交替接辞で、「見せる、似せる、着せる、乗せる、浴びせる、」などに使われます。しかし根源になりそうな「見す、似す、着す、乗す、浴びす、」などが存在しないので、「s[]e[r]u：せる」可能態合成でなく、「独自的」な「せる」接辞だと見なします。
(見[r→s]e[r]u：可能態合成でも自律・律他半々の場合、「r／s」交替が起きると仮説を立てる?ことに賛成だが、「称せる」は自律・律他半々の共同動作に分類し得ないし、使役にもならない)

【例3】「す」語尾の動詞のあつかい：他動詞と使役態動詞を峻別できるか?
最初の例1と同じ原因ですが、態動詞の段階から動詞活用段階での問題です。
・任かす：律他性あり、任かせる：律他性あり、
・償わす：律他性あり、償わせる：律他性あり、
・喜ばす：律他性あり、喜ばせる：律他性あり、
・果たす：自律性あり、果たせる：自律性あり（可能態）、律他性なし、
・輝かす：自律?律他?、輝かせる：自律?律他?、（可能態でない）
・なびかす：自律?律他?、なびかせる：自律?律他?、（可能態でない）
このように、動詞一つ一つを単独で解釈するとき、他動詞なのか、使役動詞なのか判断が分かれることが多い。
例を上げるとテレビ取材の対話の場面で、
〇発話者「～の責任を果たしたと思っている」、画面の説明文字は「～の責任を果たせたと思っている」に代わっている。
→能動:「果たした」の発言の重みを感得したならば、可能態:「果たせた」では意思可能の意味合いに変わってしまうから、「果たした」を代えるべきではない。
〇記者ネットニュース文「～代償を償わさせると表明、」後刻のネット修正版「～代償を償わせると表明、」
→「償わさせる：償 w[]as[]ase[r]u：二重使役」に気づいて、後刻の修正記事では「償わせる」に直したのでしょう。

動詞の自他交替の機能は文語体時代の「ある」「あす」機能接辞が組み込まれています。「態の双対環」方式は態の接辞として文語体時代の接辞を含めていますから、いろいろな動詞に「双対環」操作をしていくうちに、自律性、律他性の感覚が分かってくるはずです。
★「果した/果せた」、「なびかした/なびかせた」「任かした/任かせた」：便利な態生成が動詞活用の感覚で使われる。 ちょうど、「果せた」「なびかせた」が已然形のような感覚なのだろうか。
しかし、動作の直接的陳述が本来の姿ならば、「果した」「なびかした」「任か

した」をもっと優遇したい。文章校正をする立場では動作の直接表現を大切にする矜持が必要だと思う。(もちろん構文上の要請で「律他性」を強調する意味合いで使役態他動詞化することも必要になる。よく吟味しなければならない)

【思考実験：強制態と使役態を使い分ける】：他動詞と使役態動詞を峻別する方法はある！（「す」と「せる」の違い）
例1〜3までの他動詞：動かす、働かす、称す、任す、果す、輝かす、など辞書見出し語、に対して強制語感の有無を調べてきた。
★「態の双対環」では、次のような段階を踏んで強制/使役を峻別することを提案する。
①運用する動詞の語尾が「-asu」付きであるが、単なる「対物他動詞」ならば、
→強制態や使役態の扱いをしないで「他動詞」のあつかいに徹する。
　（動かす、果たす、なびかす、：他動詞あつかい）
②または、動詞語尾が「-asu」付であり「対人強制動作」と感じるならば、
→可能態接辞を付加してみると、その動詞の感じがどうですか、
　　分岐：使役態になる→（働かせる、任す、任せる、：強制、使役の扱い）優先。
　　分岐：可能態表現になる→（輝かせる?、なびかせる?：可能態でもないし、
　　　　対物意思が確認できない）使役でなく、他動詞扱いが無難かも。
③漢語に「す」語尾が付いた動詞：称す（称する）などは→他動詞扱いがよい。
　する動詞の双対環：称す/称せる/称さる/称される
　（称せる：可能態と割り切る?）
・現代語の「する」動詞双対環：する/できる/さる/される、と割り切るか。
　（強制系：さす、使役系：させる、を原形態として双対幹を生かせる）
以上のように峻別して、「す」語尾の他動詞は、意思表明の可能態「-eru」を気安く使わないほうが分かり易い。
○「責任を果たせた」よりも「責任を果たした」、「責任を果たされた」のほうがよい。
○「目を輝かせて」が多いが、「青年は目を輝かして」のほうが自律的でよい。
○「馬がたてがみをなびかせて、」も、馬の自律で「-なびかして、」がよい。

○「と称せる、称せられる」よりも「と称する、称される」のほうがよい。
　（「と称せる」：称すことができるの意味に限定。ただし一般化できない）
○「勉強せる、鑑賞せる」は可能表現にならない。「勉強できる、鑑賞できる」
　がよい。
○「勉強さす、させる」「鑑賞さす、させる」：漢語動詞は挿入音素[S]付きで強
　制態接辞、使役態接辞につなぐとよい。(勉強+させる：二語連結)
★特に、「せる」については、例２：「見せる、似せる、着せる、乗せる、浴び
　せる、」の部分で述べた「自律/律他半々の動作」に関わること。
つまり、相手にやらせる(強制)だけでなく自分も手を貸す(使役、仲介)：仲介
者を立てるということ。
この解釈は個人的な言語感覚ですが、(「seru」：「s」律他と「r」自律が組合
さる形態ですから、律他/自律半々と見るべきでしょう)

○強制態の動詞を「対他・対人への強制動作」とみなす。
　　（または対物他動詞と見なせるか区別する）
○使役態の動詞は「対他・対人への律他動作」とみなす。
○律他動作とは、「他が自律動作として指示通りに実行するようにさせる」
　こと。（指示に反しないように介助することもあり）
思考実験中ということで本筋から外れていることにします。が、、、
(やはり、態の接辞は自他交替機能接辞でもありますから、使い分けを極める
にはもっと自律/律他機能での把握が必要と思います)
通常の文法書が、使役態のみを考察の対象にしており、ときおり強制形を気に
した場合でも、使役形の短縮形態だと見なします。
そうではなく、もっと真正面から強制態と共存共栄で行きたいものです。

3．2【結果態と強制態を再評価する】

　国語辞典での態接辞の取上げ方は、おおよそ付録ページに動詞、形容詞、形容動詞、助動詞活用一覧表を置き、その助動詞の表枠内で説明することが多い。多くの国語辞典で態接辞は使役、受動として助動詞一覧表の最初枠に置かれる。
〇口語体の一覧表では、「受動態、使役態」が最初枠にある。
〇文語体の一覧表も併せて載せる形式が多いから、「結果態、強制態」も対照して確認できる。（文語時代でも受動、使役の機能接辞として汎用に使う概念があった）
・結果態接辞：「ある：aru」が変形して、「る／らる」で文語体一覧表に載る。
・強制態接辞：「あす：asu」が変形して、「す／さす」で文語体一覧表に載る。
・受動態接辞：「あれる：areru」が変形して、「れる／られる」で載る。（口語体）
・使役態接辞：「あせる：aseru」が変形して、「せる／させる」で載る。（口語体）
現代では、結果態、強制態は動詞単語に組み込まれた形態で見ることが多いが、まだ、態としても使う場合もあり大事な接辞です。
〇すでにで記述したように、
・結果態接辞：「ある：aru」は文語体での受動態接辞、
・強制態接辞：「あす：asu」は文語体での使役態接辞、です。
・可能態接辞：「える：eru」は文語体での自他交替融通役として、
文語体の時代でも「自他交替機能接辞が態の接辞に再利用されていた」のです。自他交替の機能のおかげで現在の有対動詞が豊かになったし、態も確立されたのです。
この事実を日本語文法のなかでしっかり機能と意味を明示して、確実に継承していくべきだと思考します。動詞単語だけが残るのではなく接辞の機能も継承したい。

★現代の文法学の判断では、長い間、動詞活用と態生成を混同しています。
　「ある」の「あ」、「あす」の「あ」を動詞未然形の「あ段」に当ててしまい、

残りの受動:「る」、使役:「す」に意味を求めてきました。
○本来の接辞は、「ある」、「あす」であり、意味も「ある」、「あす」で説明するように正しく継承していくべきでしょう。

【結果態、強制態の存在証明】：未来に引き継ぐために

　従来の文語文法を伝える辞典から結果態（当時の受動態）と強制態（当時の使役態）に関する解説を調べてみた。
・『岩波古語辞典補訂版』：大野晋他２者：1974年12月第一版、1990年２月補訂版、2000年10月補訂版、の付録には「基本助動詞解説」が詳細に記述されてあるが、接辞:「る」、「す」の説明だけ＞抜き書き＜すると、
　　＞可能、受身：る、らる、につく「る」は、：自然展開的、無作為的であることを動詞に追加する役目を帯びている。＜
＜考察：抽象的自然物の主語文をさける日本語の動詞を殊更に「自然展開的と見なす」のは若干卑怯です＞
　　＞使役：す、さす、につく「す」は、：人為的、作為的の動詞の意を示す。と述べてある。（広い意味で潜在的な文法則だろう）＜
＜考察：人為・作為的というだけでは、能動的以上の意味：「律他的」、「他を律する動作」を示唆できない＞

【「態の双対環」での「る/す」対向関係の捉え方】

　「態の双対環」方式では、接辞に含まれる音素の「る/す」に対する対向関係を現代的、現実的に解釈し直して、次のように解釈する。
○動詞語尾：「る」、「r」は、自律動作を表す、と捉える。
　（自動詞、他動詞も含む：自己発動の動作）
○動詞語尾：「す」、「s」は、他を律する動作を表す、と捉える。
　（他を強制、使役する動詞。対物他動詞を無情の強制として含む）
すでに第２章でも自律動作/律他動作の対向関係を「r/s」交替などの表現で利用している。（潜在法則の強調化、拡張化：態だけでなく動詞全体に適用する意気込み）
○「能動系→強制系」へ態変換のとき、母音語幹に挿入音素「r→s」交替させて強制態接辞につなぐことが必要な理由は、この「る/す」対向による要請

だが、記すれば
・自律動作を表す「r」を止めて、「さす/させる」の単音「する」語幹「s」に置き換える操作をして強制態、使役態へ移行する。
これが明文化した「r/s」交替法則です。

★結果態接辞：aru に対して「r→s」交替を働かして「aru→asu」としたのが強制態接辞：asu である。（確度の高い仮説だと思う）
○「r→s」交替で、結果態─強制態、受動態─使役態がきれいに入れ替わるのを見てください。
　　（挿入音素と接辞内の「r→s」交替が同時に起きている）
・食べらる：-[r]a[r]u─食べさす：-[s]a[s]u、
・食べられる：-[r]a[r]eru─食べさせる：-[s]a[s]eru、
・歩かる：k-a[r]u─歩かす：k-a[s]u、
　歩かれる：k-a[r]eru─歩かせる：k-a[s]eru、
○動詞を区分するのに、「作為のある/なし」で区別するのではなく、「自己の能動動作か/他を動かす強制動作か」で区別すべきだという思考法です。
（潜在法則を顕在化して、自他交替接辞を学んで自・他動詞、態動詞を理解するほうがよい）
○「態の双対環」で結果態、強制態と命名して「ある」、「あす」接辞を組み入れるのは、多くの既成動詞に自他交替機能として組み込まれているし、これからも態接辞として暗黙のうちに使われる可能性が十分あるからです。

【結果態、強制態の意味の証明】：未来に引き継ぐために2
★結果態接辞:aru は、「動作(結果)が「ある」」ことを表現する動詞を生成する。
○動作の結果が「ある」、「なる」と着眼してもよい。
　動作結果を表す状態動詞、動作結果をめざす動作動詞の両面がある。
　動作結果を述べる機能だから、他動詞だけでなく自動詞でも結果態、受動態が生成できる。（詳細は次項で説明する）
★強制態接辞:asu は、「動作を相手・他にさせる」ことを表現する動詞を生成する。

○強制として「さす」、「なす」ように仕向けると想定してもよい。
　強制意思の程度により、現実の場では動作の強制、許可、許容、放任などの意味になる。
＜前項で見た「ｒ／ｓ」交替による結果態／強制態の入れ替わり、受動態／使役態の入れ替わりが現実の動作状態と如何に関わっているのか。入り口に立ったばかりの考察ですが、少しだけ思考実験して記述します＞
○現実世界の動作を表現する方法として、
「**自律動作の世界**」と「**他を律する動作の世界**」とに、二分して考える。
・**自律動作の世界**：自分の自律的な動作、他人の自律的な動作や、それに起因する自律的な状態を描写・表出する世界。
・**律他動作の世界**：他を律する動作、強制・使役をする動作、自分が強制を受ける動作や、それに起因する自律的な状態を描写・表出する世界。
・「自律世界」と「律他世界」がちょうど「**動作の鏡像空間**」の関係にあるのだろう。
・「態の双対環」に引き当てて考察すると、自律世界＝能動系「双対環」であり、律他世界＝強制系、使役系「双対環」に相当する。
・強制態、使役態は、「双対環」の原形態で能動性が高く、意味も動作に重点がある。
・一方、結果態や受動態は、自分の動作結果や、他人の動作結果を表現する両面があり、また、動作性を描写するときと、結果の状態性を描写するときがある。
・自分・他人×動作性・状態性＝４通りの描写、解釈が成り立つことになる。
（強制結果態、強制受動態、使役結果態、使役受動態も４通りの描写、解釈が成立つ）
○思考実験は、ここで中断しておきます。

３．３【受動態の深層意味はひとつ】

　受動態接辞:areru は、結果態:aru に可能態:eru が合成されたものです。その結果態接辞:aru は、文語体での受動態ですから、基本的に両者共に受動態の意味を表します。
つまり、「ある、あれる」接辞で受動態を表すわけです。
また、受動態の打消し表現:「あれない」は、「結果＋可能」を否定する意味になりますから、「結果＋不可能」を表現することになります。
★「動作の結果が出ているのに、それを否定するのかい？」と疑問に思われるのが道理ですね。
・通常、「予測動作の予測結果」が如何にしても不可能だと落胆する気持を表現するときに、「行きたいけれど、行かれないんだ」と未来時点に対しても受動態(打消し)で言います。
(落胆の意味は潜在的ですから、これだけで顕在的表現となり得ないが、におわせる程度の期待はしたい・・・)
「行けないんだ」では結果を予測しないで、意思の上で「行かない」と発話する軽い表現です。「行ける」「行かれる」は次節で詳細に説明しますので、本題に戻りましょう。

★【受動態は「動作がある」、「動作結果がある」という事態の描写表現】
【段階１：受動態の形態を把握する】:「動詞(の動作結果が)ある」情景を想起する練習。
・書く(の動作結果が)ある、あれる
　→:受動態:書かる、書かれる:書k・are[r]u、
・来る(の動作結果が)ある、あれる
　→:受動態:来らる、来られる:ko[r]・are[r]u、
　(注意:不規則動詞だが、態考察では「ko」までを語幹扱いにした)
・食べる(の動作結果が)ある、あれる
　→:受動態:食べらる、食べられる:食べ[r]・are[r]u、
　(注意:食べがあるではなく、食べる結果がある、です)

- 来さす(の動作結果が)ある、あれる
  →:(強制)受動態:来ささる、来さされる：ko[r→s]・a[s]・are[r]u、
  (注意:来[r]を強制態:ko[r→s]・a[s]uへ移行させてから、受動態接辞を付加する)
- 立たす(の動作結果が)ある、あれる
  →:受動態:立たさる、立たされる：立[t]・a[s]・are[r]u、

【段階２：受動態の意味を把握する】：「動詞＋ある、あれる」を理解する練習。

★接辞:「ある、あれる」の単語としての意味を把握する。

○ある、あれる：「在る・在れる、有る・有れる、ある・あれる」が根本的意味です。
- 書かれる=「書か(:く在)れる、書か(:く有)れる、書か(:くあ)れる」
- 来られる=「来ら(:る在)れる、来ら(:る有)れる、来ら(:るあ)れる」
- 食べられる=「食べら(:る在)れる、食べら(:る有)れる、食べら(:るあ)れる」
- 来さされる=「来ささ(:す在)れる、来ささ(:す有)れる、来ささ(:すあ)れる」
- 立たされる=「立たさ(:す在)れる、立たさ(:す有)れる、立たさ(:すあ)れる」

○受動態の動詞性を確認するために、「～ている、てある:アスペクト付加」と併置してみよう。
- 態動詞：書かれる、
- アスペクト：書いている、書いてある、書かれている、書かれてある、
- 態動詞：来られる、
- アスペクト：来ている、来てある、来られている、来られてある。

★態動詞のほうが、動詞的であり、実行の(結果物の表現ではなく)動作そのものに対する存在表現がなされる。 つまり、受動態は「動作の実行が存在する」、「動作の実行を有する」という陳述描写なのですね。
(所動性の動詞ですから二重受動態にすると意味不定になります)

【段階３：受動態の用法を把握する】
：「在れる、有れる、あれる」の構文法を練習する。

★補語と受動態動詞とで文章を組み立てる。
・黒板に漢字が書かれる：書く＋在れる／書く動作の実行がある／軽い受身表現。
（西欧語の受身：be＋動詞過去分詞。日本語：動詞原形＋在れる、で時制に自由度がある）
・彼は大盛りでも食べられるよ：食べる＋有れる／食べる動作の実績がある／実績可能の表現。
（西欧語の完了：have＋動詞過去分詞。日本語：動詞原形＋有れる、で時制に自由度がある）
・昔はよくここに立たされた：立たす＋在れる／立たす動作の受手が発話する／受身表現。
・生徒を何回か立たされたのですか？：立たす＋あれる／立たす動作を第三者が客観視／尊敬表現。
×今でも場合によれば立たされますよ：立たす＋有れる（？）／立たす動作の仕手が発話。／実績可能のはずだが、「す」語尾動詞の受動態では可能の語感が湧かないようで、受身語感が強いです。
・今でも立たします：単純に立たす動作を仕手が発話する形式のほうが、分かりやすい。
・今でも立たせるよ：「す」語尾動詞の仕手による可能表現には可能態動詞・使役的形態の使用が好まれる。
（子音語幹の動詞だけが可能動詞を作り出せると学校文法が長いこと考えを変えずにまかり通るのも、「す」語尾動詞の可能救済だけを視野に入れているからではないでしょうか。次節で説明しよう）
【構文例：以前村岡氏より受動態例文付きコメントをいただいた：2013/10】
・例「雑誌にとんでもないことを書かれて困っている」：書く＋在れる/受身表現。
・例「もう夜中過ぎているのに、友人に来られた」：来る＋在れる/自動詞の受身表現。
・例「目の前に背の高い人に立たれて、舞台で何をやっているのか見えなかった」：立つ＋在れる/自動詞の受身表現。
・ようやく最後にこれを書かれて気が楽になった：書く＋有れる

/仕手が書く動作をやり遂げる、結果を出す/実績表現。
- 「一人で来られたのかい?」：来る＋有れる
/仕手が来る動作をやり遂げる、結果を出す/実行可能表現。
- 「今度の選挙戦に立たれるそうですね」：立つ＋あれる/相手の予定動作への敬語的な表現。
- アルバムの写真を見ていると昔が偲ばれる：偲ぶ＋あれる：自発表現。
仕手の可能表現。

以上、構文のなかに配置された受動態動詞：「動詞原形＋あれる」の解釈を述べました。

★ここでは便宜上、
- 受動態：動詞原形＋在れる＝受け身表現。
動作の実行・結果を受け手として表現する、
- 受動態：動詞原形＋有れる＝結果可能、実績可能表現。
仕手の動作実行、実績を表現する、
- 受動態：動詞原形＋あれる＝尊敬、自発表現。
第三者が仕手の動作実行を指して表現する、

として記述しました。
「態の双対環」流に深層意識の違いを区別してみましたが、皆様の受動態の語感に合致するでしょうか。

３．４【可能態と受動態は住み分けて】

可能態の説明には、まず「ら抜き言葉」の誤解を払い落しておきましょう。昔は可能を言い立てるよりも、可能でないことの表現が多かったが、近代では可能を明確に言い表したいとの風潮がつよくなって、江戸時代以降には可能表現が根付きはじめた。

★【「ら抜き」と早合点したことこそ、日本人の大誤解】
：「行ける/行かれる」をローマ字つづりで音素解析すれば、すぐ「ら抜き」と解釈すること自体が誤解だと分かります。
- 可能態：行ける→ikeru、：ik[]・e[r]u、

→(【動詞原形：ik＋挿入音素[ ]】＋可能態接辞：e[r]u)
・受動態：行かれる→ikareru、
　　→(【動詞原形：ik＋挿入音素[ ]】＋受動態接辞：ar・e[r]u)
つまり、受動態接辞＝結果態接辞＋可能態接辞だから、結果態接辞を外せば可能態になるのです。ということは、
★受動態【areru】が意味する「動作の実行完了実績【aru】」を取り除いた「動作を始める意思可能【eru】」だけを陳述するのが可能態【eru】です。
・つまり、{aru、ある抜き}が可能態の正体であり、[態動詞生成の方程式]に基づく言語運用です。
★母音語幹動詞に対する可能態の生成も同様に[態動詞生成の方程式]を適用できる。
・可能態：見れる→mi[r]e[r]u、起きれる→oki[r]e[r]u、
　食べれる→tabe[r]e[r]u、
・受動態：見られる→mi[r]are[r]u、起きられる→oki[r]are[r]u、
　食べられる→tabe[r]are[r]u、
○「ら抜き名称誤解」をして平気でいる日本人が多すぎるし、特に「ある抜き」正解している有識者が公言に踏み出していない場合もあります。
　　逆に誤解を正当だと公言する人は多いです。
残念ながら現実に適応できない学校文法を盲信する人、もしくは影響下にある人が多すぎます。

★可能態＝受動態－結果態、であり、また、受動態＝結果態＋可能態、だと銘記しましょう。(「可能態」と「受動態の結果可能」とは意味が違うのです)
○自分の頭脳で考えるためにも、①ローマ字つづり音素解析(ひらがな解析に落し穴)と②態動詞生成の方程式、③「態の双対環」が便利な道具になるはずです。

【「す」語尾動詞の可能表現を救済しよう】
　：ついでに母音語幹動詞も救済すべき。
　動作意思の可能表現を受動態から独立させることに最優先で歓迎したのは、

「す」語尾動詞だろうと推測します。
- 渡す/渡せる:可能!/渡さる/渡される:受身!・可能?
  （対物他動詞の「双対環」）　受動態では可能の意味になりにくい。
- 出す/出せる:可能!/出さる/出される:受身!・可能?
  （対物他動詞の「双対環」）
- 隠す/隠せる:可能!/隠さる/隠される:受身!・可能!
  （対物他動詞の「双対環」）
- 立たす/立たせる:可能?/立たさる/立たされる:受身!・可能?
  （対人強制の「双対環」）
- 任す/任せる:可能?/任さる/任される:受身!・可能
  （対物対人強制の「双対環」）

○「す」語尾の他動詞でも、対物か対人強制かで「可能表現」と感じる程度が異なるようです。対物他動詞では可能態が有効に機能します。
　特に「隠す」は自分だけで実行する動作ですから、受動態でも可能表現を感じられます。

○「す/s」音の動作は他へ向かって作用を放出する深層感覚があるので、受身なら他人から放出された動作を受ける感覚になります。
　反対に「す」語尾動詞の受動態では、自分の動作可能の表現が手元に残らない印象になり「可能表現」が成り立たないのです。
　（江戸後期から未然形文法を飛び越えて可能動詞を使い出した）

○強制態は「す」語尾動詞ですから、可能態接辞を付加した強制可能態の
→：as・eru、つまり、使役態接辞：aseruを使うと「す」に「る」を加えて、いくぶん自律動作性を追加するようになったのだろうと推測します。
使役系にすると態表現が「sとr」混在するから、ぎくしゃくするが我慢のしどころでしょうか。
- 立たせる/立たせれる:可能!/立たせらる/立たせられる:受身・可能
  （対人使役の「双対環」）
- 任せる/任せれる:可能!/任せらる/任せられる:受身・可能
  （対人使役の「双対環」）
- 走らす/走らせる:可能?/走らさる/走らされる:受身!・可能?

（対人強制の「双対環」）
・走らせる／走らせれる:可能!／走らせらる／走らせられる:受身・可能
　　（対人使役の「双対環」）
○強制系では受身表現が強烈で、被強制者の姿が目に浮かぶ。
　使役系では受動態が重装備的で可能態も今一か。使役・被使役両者の姿が目に浮かぶようだ。

＜さて「ある抜き」可能態は、母音語幹動詞にも適用すべきです。＞
○態動詞生成の方程式＝「【母音語幹＋挿入音素[r]】＋態接辞」を適用できる。
・考える／考え[r]e[r]u:可能!／考えらる／考え[r]ar・e[r]u:受身!・可能!
　　（自律動作の「双対環」）
・考え[r→s]asu／考え s・as[]e[r]u:使役化!／考えささる
　／考えさされる:受身!・可能?　　（律他動作の「双対環」）
　　（挿入音素「r→s」交替は強制系へ移行時に必要）
・考えさせる／考えさせれる:可能!／考えさせらる
　／考えさせられる:受身!・可能!　　（使役動作の「双対環」）
○本節で記述していることは、日本語の動詞が持っている感覚的な感性です。
　直感的なことばの感覚ですから、繰り返し読み返して考えて、読み返して考えて、どんな語感が立ち現れるか試してください。
「ら抜き誤解」を卒業できましたか？
○何年かあとには、正式に「ら抜き誤解」が解消される時代が来るでしょう。
　その時でも、「可能態」と「受動態の結果可能」との意味の差が尊重されて、確実に区別して使用される状態を提起しているのです。

【可能態と受動態の意味の差】: 有意差を感じ取れるはず。
　　前項、「す」語尾の「双対環」操作で可能感得の可否を述べましたが、可否の「深層感覚」を共感できたでしょうか。　可能態は「す」語尾の動詞の救済から始まったと仮説を述べましたが、態文法を再生していくためにも、母音語幹動詞を含めて全動詞に対して可能態を適用できると記述したい。
★「態の双対環」方式では、全動詞で可能態と受動態(の結果可能)が併存すべきだと提案します。
・可能態が表現する可能は、「動作意思の可能」で、「個々の可能」です。
・受動態が表現する結果可能は、「動作実行、完了、実績の可能」で、「予測動作の完了可能の予測」でもかまいません。繰り返し、習慣的な、公衆の「多の可能」に対応できる。
【例1】構文を読み込んで有意差を感じてほしい。
・可能:「それくらい、考えれるだろ?」
　→(考える動作を期待し、解答までは期待してない)
・受動:「難問だけど考えられるだろ?」
　→(考える結果を、解答まで期待している)
・可能:「この書棚では探せないね」→(乱雑すぎて探す動作が困難らしい)
・受動:「あっちの書棚はもう探されたんだがね」
　→(動作完了、実行済みを表明)
・可能:「絵本、読めたら楽しいね」
　→(幼児に読み聞かせの段階、読む動作に関心あり)
・受動:「この文章、読まれたらどんな反応があるだろう」
　→(受身でもあり、動作結果の反応を待つ)
可能態接辞:eruは、「動詞原形＋になる／にする」の意味で自動詞にも、他動詞にも接続します。
受動態接辞:areruは、「動詞原形＋あるになる／あるにする」の意味で自動詞にも他動詞にも接続します。
「ある」になる／「ある」にする　は、
　　→「結果、実行、完了、実績」になる、
　　→「結果、実行、完了、実績」にする、

これが受動態ですから、単純な(結果以前の)可能態とは意味合いが違います。片方だけでなく両方が必要な態なのです。

【例２】打消し構文の受動態と可能態を比較して有意差を感得してほしい。
　受動態動詞が肯定構文で当然使われるし、打消し構文でも使われます。
・「大丈夫です、吊革につかまれますから」
　→(結果態動詞:つかまりますから、でも OK)
・「昨夜はぐっすり休まれたから、調子回復です」
　→(結果態動詞:休まったから、でも OK)
(結果態動詞も肯定文で使うと可能なことだった意味合いになり、結果＋可能＝受動態での表現を好むのかも分かりません←「分かる」は結果態が合いますね)
昔は受動態を否定構文で使うことが多かった。現在でも関西方面では打消し受動態の用法は普通のことのようです。
・「このスープ、熱つうて飲まれへん」
　→(飲むを実行できない、「飲める」と思ってもダメ)
・「残念だけど旅行に行かれないんだ」
　→(行くを実行できない予測だ。手を尽してもダメの予測)

〇昔の成句では、感情と結果を対比的に、受動態打消しを使って、表現しています。
・泣くに泣かれぬ気持だった
　→(思いと結果の相克・対比が明白で、自律としては制御不能だと感じます)
×泣くに泣けない気持だった/泣こうにも泣けない気持だった。
　　→(意思の相克だが、意思で鎮めた感じになる)
・止むに止まれぬ気持から、、、
　　→(思いと結果の相克・対比が明白で、自律制御ができない状況を感じます)
・言うに言われぬ苦しみを、、、
　　→(筆舌に尽し難い苦しみ、思いを言い尽せない程の苦しみを想起させる)
×言うに言えない苦しみを、、、

→（逡巡するが、意思で律することができるほどの苦しみを）
もちろん、この成句ができた頃は受動態で可能を表すことが普通のことだったと思われるが、だから当然、受動態打消しが「自律制御からの逸脱状態、人為を超えた成行き」を表現していたのだろう。

【例３：個の可能態/多の受動態可能】：大事を忘れずに！！
○可能態：動作意思としての可能を述べるので、「個人の、一回限りの可能動作」が表現の中心です。
○受動態の可能：個人の実績としての繰り返し可能や、社会・大衆の習慣的可能動作などを含め、多数回の可能状態を表現するものです。
（「個の可能態」と「多の受動態可能」：この大事な意義の差が忘却されては、、、）
・「このキノコは/を食べれる」：食べても問題ない。食べる気になってもよい。
・「このキノコは食べられる」：食材の実績がある。世間でも食べられている。

【例４：「のり・つっこみ」の対比】：大阪人の論理が生きる
○「これで書かせるってぇ？ 絵日記を?」、「忘れんうちに」、
　「あかん、書かれへんがな、綿アメだぁ」
○使役態の「書かせる」の律他動作の鏡像関係に相当する「書かれる」：受動態を能動詞的に使用する大阪語風の作例です。
　「ｒ／ｓ」交替の精神、大阪にあり。

あとがき

　日本語の態文法を再生させる、ということを最初から望んでいたわけではないが、学校文法の間違いに気づきはじめてからは、なんとか本当の態文法を再思考したいと思い始めた。
まったく文法研究の手法を知らない状態から、思考実験に自他交替接辞の仕組を使って「態の双対環」を思いついたこと、これが幸いでした。
「態の双対環」は態動詞を規則的に生成して抜け落ちなく一望できる利点があり、「態の意味合い」も自分の語感で対比しながら理解を深められた。
〇受動態が単に受身表現だけでなく、結果可能、尊敬、自発を描写するための深層構造を持つと納得できるようになったころ、新しい疑問に突き当った。

★国語辞典で見出し語:「受動態」を引くと、多くの辞典が「受身」を説明するだけで、追加的に説明する場合でも「自動詞にも受動がある」、と載せるだけ。　能動・能相/受動・所相で態の対比を載せるのみ。
＜受動態は受身態ではないはずだ。西欧語の受動態と同等だと説明したいのか？　日本語の結果態、受動態は「動作（母音語幹に[r]）＋ある態」、
「動作（母音語幹に[r]）＋あれる態」
なのだとの思いが強くなった。　受動態の形態で、受身も実績可能も自発も尊敬も表す理由を説明するのが辞典の役目だろう？三上文法の能動詞/所動詞の所動は受身だけではないはず、、、＞
＜同様に国語辞典は、日本語の強制態が「動作（母音語幹に[s]）＋あす態」、使役態が「動作（母音語幹に[s]）＋あせる態」なのだとまったく分かっていないことになる＞

＜思考：態接辞：(r)areru、(s)aseruの(r)、(s)は語幹側に付けよう！＞
と思いついた。
〇態接続を「ひらがな解析」でなく、「ローマ字解析」で行えば、正確に表記できる。その効果は動詞語幹の子音/母音の語幹識別を明確にしただけでしょうか。

○効果はまた、態接辞の形態を正確に割り出したのです。これを見逃している。共通の態接辞の形態が、「eru、aru、asu、areru、aseru」なのです。
○態動詞の方程式＝「【動詞語幹＋母音語幹に[r/s]付加】＋態接辞」を採用すれば、統一態接辞で表現できるし、言い間違いをなくせると考えた。
・不思議なことに誰も気づかなかった独自解釈【語幹に挿入音素を付加】といえる。
○さらに一般化した３項方程式：「【動詞語幹＋挿入音素[x]】＋機能接辞」にすれば、次段の動詞活用や助動詞接続の方程式にも適用できるのです。

＜思考：「【動詞語幹＋挿入音素[r/s]】の[r/s]とは＞

○態生成での挿入音素：子音語幹＋挿入音素[なし]→（態接辞はすべて母音始まりだから、子音語尾で接合できる）
・母音語幹＋挿入音素[r]：終止形原形語尾「〜る：r」。 r：自律動作を示す。
例：見る：mi[r]eru、mi[r]areru、食べる：tabe[r]eru、tabe[r]areru。
○強制、使役では、挿入音素を交替させる。
・母音語幹＋挿入音素[s]：強制・使役の「さす・させる」の語頭「s」を使う。
 S：律他動作を示す。（他を律する動作、他にさせる動作）
例：見さす：mi[s]asu、mi[s]aseru、食べさす：tabe[s]asu、tabe[s]aseru。
○挿入音素[r]→[s]の交替は、さらに根源的な交替：接辞内での交替も推測でき、結果態：a(r)u←・→強制態：a(s)u、受動態：a(r)eru←・→使役態：a(s)eru、という鏡像関係があるようだ。（自律動作／律他動作の鏡像関係）
例：見らる：mi[r←・→s]a(r←・→s)u：見さす、
　　見られる：mi[r←・→s]a(r←・→s)eru：見させる。
　　歩かる：aruk[]a(r←・→s)u：歩かす、
　　歩かれる：aruk[]a(r←・→s)eru：歩かせる
○この鏡像関係については「態の双対環」の統合環ができるのかどうか今後に向けて思考してみたい。

＜思考：時枝誠記の入れ子型、風呂敷型構文：「日本語構文は前へ前へと括られる」＞

〇これも今後の思考課題であるが、「(動詞語幹＋[挿入音素])の括り方」は前へ前へと「入れ子」にしていく時枝誠記の「国語学原論」に適合する認識方法かもしれない。

　「日本語は後へ後へとつながる」と思い込んでいるが、「前へ前へとつながる」と考えるほうが現実的で正しいはずだ。(今になって実感する)

〇少し思考してみよう。

・文＝「(補語＋助詞)＊n個＋述語」、が基本構造だとすると、
連体修飾文で特定の補語を補強すると「((文・補語)＋助詞)＋文」、の構造になる。

・前へ前へつながる構造だから、文が「その場の意味の流れ」を巻き込みながらつながっていく。

・日本語が関係修飾節(連体修飾節)の用法を巧みに使い、複文構造を作り出していけるのも「前へつながる修飾法」が存在するからだろう。
これは、英語などの関係代名詞節よりも柔軟な構文構造が作れる法則だ。

〇「態文法」の範囲を超えて広がる領域ですね。今後の課題にしてみよう。

　今は「態の双対環」を中心に態生成の方程式をまとめ上げることができたので一区切りにしたい。

著者経歴　村山匡司
1944年～武蔵野市吉祥寺生れ、神奈川県川崎市育ち。
1962年　県立川崎工業高校（電気科）卒業。
1962年～NHKに入社、技術研究所無線研究部配属。
1967年　東京電機大学（２部電子工学科）卒業。
1969年～NHK放送センター運用技術に転属。
　　　　運用技術、制作技術にてＶＴＲ収録、編集に従事。
　　　　この間、転勤で名古屋局５年を経験。
1990年　ドラマ番組編集にデジタル画像圧縮によるノンリニア編集
　　　　検証を提案。この間、転勤で福岡局３年、岡山局２年を経験。
2000年　一般番組のノンリニア編集化への構成仕様を準備。
2001年～NHKアイテックに転籍。
　　　　放送制作設備工事の仕様書作成などに従事。
2004年　定年退職。　ネット上のＨＰ開設：沿線歩きなど記載。
2012年～ブログ開設：市販文法書を読み、思考実験など記載中。
　　　　ＵＲＬ：http://webnote.cocolog-nifty.com/note1/

日本語動詞　態文法を再生する

2016 年 10 月 21 日　初版第 1 刷発行

著　者　村山　匡司（むらやま・きょうじ）

発行所　ブイツーソリューション
　　　　〒466-0848　名古屋市昭和区長戸町 4-40
　　　　電話 052-799-7391　Fax 052-799-7984

発売元　星雲社
　　　　〒112-0005　東京都文京区水道 1-3-30
　　　　電話 03-3868-3275　Fax 03-3868-6588

印刷所　藤原印刷
ISBN 978-4-434-22525-3
©MURAYAMA Kiozi 2016 Printed in Japan

万一、落丁乱丁のある場合は送料当社負担でお取替えいたします。
ブイツーソリューション宛にお送りください。